가치와 비즈니스 둘 다를 거머쥔 협동조합 기업경영의
성공열쇠 32가지

MONDRAGON
몬드라곤은
어 떻 게
두 마리 토끼를 잡았나

HBM협동조합경영연구소 총서 1

32 Claves Empresariales de Mondragón
by Iñazio Irizar & Greg MacLeod

First published by El Polo de Innovación GARAIA
All Rights Reserved.
Korean translation © 2016 Bona Liber Cooperative

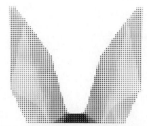

가치와 비즈니스 둘 다를 거머쥔 협동조합 기업경영의
성공열쇠 32가지

MONDRAGON
몬드라곤은
어 떻 게
두 마리 토끼를 잡았나

|이냐시오 이리사르 · 그레그 맥레오드 지음 |송성호 옮김 |

COOPERATIVE
착한책가게

2012년 협동조합기본법이 제정되고, 우리 사회는 협동조합과 관련하여 새로운 전기를 맞고 있습니다. 농협 등 농·수산물 생산자 관련 협동조합과 유기농산물을 중심으로 하는 생활협동조합 위주에서 직원협동조합, 사업자협동조합 등의 또 다른 도전들이 시작되고 있습니다. 그렇지만 이 도전에 직면한 사람들이 이론과 실천적 경험의 부족이라는 어려움 속에서 힘겨워하고 있는 모습이 보여 안타까운 마음입니다.

해피브릿지협동조합은 몬드라곤 협동조합 그룹의 성공 노하우 등 직원협동조합Worker Cooperative에 관한 연구 및 교육을 하기 위해서, 몬드라곤 경영대학과 협력하여 HBM협동조합경영연구소를 창립하였습니다.

지난 3년 동안《호세 마리아 신부의 생각》출간과 각종 협동조합 연구 및 교육을 수행하면서, 협동조합은 운동이라는 측면뿐만 아니라 경영이라는 부분이 아주 중요하다는 것을 새삼 깨닫게 되었습니다. 그러던 차에 몬드라곤 경영대학의 이냐시오 이리사르 교수에게서 몬드라곤 협동조합의 경영 경험에 대한 좋은 책을 소개받았습니다.

　이 책은 몬드라곤 경영의 성공요인을 32가지로 나누어 설명하고 있으며, 일반적인 경영학 이론을 바탕으로 기업 미션의 합의와 효과적인 의사결정 및 집행을 협동조합 경영 현장에 어떻게 적용했는지를 실증적으로 보여주고 있습니다. 또한 '사람 중심 경영'이라는 현대 경영의 과제에 의미 있는 답을 주고 있습니다. 이에 HBM협동조합경영연구소 총서의 제1권으로 출간하게 되었습니다.

　저희 연구소에서는 지속적으로 협동조합 경영에 도움이 되는 책을 출간하려고 합니다. 몬드라곤 등 서구의 사례와 점점 발전하고 있는 한국의 사례들을 경영이라는 관점에서 연구하여, 협동조합을 포함한 사회적 경제 분야의 발전에 도움이 되고자 합니다. 독자 여러분의 많은 관심과 애정을 부탁드립니다.

2016년 10월

박경서(HBM협동조합경영연구소 이사장)

우리 책이 한국에서 출판되는 것을 보는 것은 정말이지 아주 기쁘고 행복한 일입니다. 저와 제 아내가 날마다 사용하는 핸드폰도 한국산이고, 집에 있는 텔레비전 두 대도 한국제품입니다. 그러니 한국은 이미 우리의 삶에 정서적으로 아주 특별하게 들어와 있는 셈입니다.

저는 2012년 10월에 서울에서 "협동조합으로 지역개발하라"라는 주제로 열린 국제 콘퍼런스에 주제 발표자로 참가한 적이 있습니다. 그때 제가 발표한 논문의 제목은 "지역 커뮤니티 개발을 위한 몬드라곤 협동조합의 실천 도구들"이었습니다.

30쪽가량의 발표논문을 준비하면서 들었던 가장 큰 고민은 어떻게 하면 실제로 도움이 될 만한 글을 쓸까 하는 것이었습니다. 협동조합에서 오랜 실무 경험을 쌓은 저로서는 제3자들 앞에서 사회적 경제에 대한 선전이나 변명을 하고 싶지는 않았습니다. 저는 좀 더 보편적인 이야기를 하고 싶었습니다. 그래서 글을 쓰기 전에 스스로에게 물었습니다.

"몬드라곤 협동조합의 실천방안들을 벤치마킹하는 것이 가능할까?"

두 가지 측면을 구분할 필요가 있다고 생각했습니다. 첫째 측면은 몬드라곤이 위치한 환경의 문화, 사람, 지리, 사회적 자본, 법률 등으로, 이런 것들은 복제하기가 어렵습니다. 둘째 측면은 첫째에서 지적한 점들과 무관한 기업 및 경영 도구들로, 이런 것들은 제도적인 것이며 시간과도 상관없는 것입니다.

몬드라곤 그룹의 여러 협동조합들에서 40년에 걸쳐 일한 개인적 경험에 비추어볼 때, 어떤 도구나 기술, 기능들 혹은 이들이 확장된 제도들은 벤치마킹할 수 있다고 믿습니다. 그것들을 간단하게 네 가지로 정리하여 제시하면 다음과 같습니다.

- 자본에의 참여
- 경영에의 참여
- 공동 투자기금
- 혁신과 연구개발

그때의 논문이나 지금 이 책의 목적은 결코 이론을 깊이 파려는 것이 아닙니다. 현재 상황에서 위에 말한 도구들을 실천적으로 제시하여 그 도구들이 어디서나 적용될 수 있도록 하기 위한 고민의 결과입니다.

그렇지만 부록에 나오는 바와 같이, 이런 협동조합 시스템 뒤에는 이론이 있습니다. 저는 세계적으로 유명한 전문가 둘을 언급하고자 합니다. 저명한 조직이론가이자 "21세기의 조직 발명"이라는 MIT의 기념비적 프로젝트의 공동책임자였던 토머스 멀론은《일의 미래》라는 책에서 이런 네 가지 일들이 오늘날 이미 일어나고 있음을 보여주고 어떻게 하면 앞으로 더 많이 일어날 수 있는지 알려주었습니다. 그는 홀푸드, 휴렛패커드, 고어, 비자인터내셔널, 이베이, 몬드라곤 같은 민주적인 조직들을 사례로 들었습니다. 한편 경영학의 대가인 헨리 민츠버그는 커뮤니티란 우리의 일과 동료들 그리고 우리가 사는 곳(지리적 및 사회적인 세계 안에서)을 보살피는 것을 뜻한다고 말합니다. 이런 의미에서 그가 가장 칭송하는 기업들은 도요타, 셈코, 픽사, 몬드라곤 등으로, 이들은 탁월한 커뮤니티 감각을 지니고 있습니다.

제가 지금 이 책을 다시 쓴다면, 아마도 1956년 최초로 설립된 협동조합이며 그룹에서 가장 큰 협동조합이었던 파고르 가전협동조합이 2013년 10월에 파산한 사건에 대한 이야기를 넣어야 했을 것입니다. 파고르 가전협동조합은 제가 1977년에 일하기 시작해서 그 뒤 15년 동안이나 일했던 곳이기도 합니다.

많은 학자들과 투자분석가들이 파산의 이유에 대한 글을 썼습니다.

가장 많이 나온 의견을 요약하자면, 2008년에 유럽과 스페인에서 건설 산업의 위기가 시작되기 10~15년 이전부터 있던 '상명하달식의 프로세스' 때문이라는 것입니다. 이유를 더 들자면 '최고경영진들의 투명하지 못한 경영'과 '너무 잦은 전략 변화'도 꼽을 수 있겠습니다.

저도 이런 일반적인 의견에 동의합니다. 그래서 개인적으로는 이 책에 나오는 1번 열쇠의 중요성을 더욱 강조하고 싶습니다. 호세 마리아 신부에 대하여 쓰면서, 저는 그분에게 첫째이며 가장 중요한 요소가 "사람, 성공의 결정요소는 사람이다. 기술도 낡고, 설비도 망가지며, 제품도 못쓰게 된다."였다고 했습니다.

또한 같은 부분에서 "호세 마리아 신부는 협동조합 경영자들이 정치적으로 행동하지 않기를, 즉 친구들이나 친척들에게 좋은 자리를 주지 않고, 능력주의를 추구하기를 원했다."라고 했습니다. 그러므로 파고르 파산에 대하여 제가 이유 하나를 덧붙이자면, 파고르의 경영자들이 새로운 조합원 및 경영진을 받아들일 때 능력주의가 아니라, '현실 안주'적인 행동을 했던 점을 들고 싶습니다.

그리고 '고용에서의 인터코퍼레이션'에 대한 18번 열쇠항목에 파고르 가전협동조합의 사례를 포함했을 것입니다. 이 책에 서술된 내용은 옳으며, 기술한 절차가 실제 상황에서도 실행되었습니다. 오늘날의 현실을 보자면 인터코퍼레이션 덕분에 조합원들이 일자리를 유지하고 있는 것입니다.

결론적으로 말하자면, 독자 여러분 모두 이 책에서 각자의 실제 삶에 적용할 수 있는 열쇠를 발견하게 되기를 바랍니다. 그래서 이 책을 읽느라고 보낸 시간이 유익한 시간이 되기를 바랍니다.

끝으로, 이 책을 출판해준 협동조합 착한책가게에 진심으로 감사의 마음을 전합니다. 또한 이 책을 번역해주신 송성호 연구위원께도 그간의 협력과 우정에 대하여 깊은 감사를 드립니다.

2016년 9월 23일, 몬드라곤에서
이냐시오 이리사르

CONTENTS

호세 마리아 오르마에체아와 알폰소 고로뇨고이티아*에게.

몬드라곤에서 보여준 당신들의

인간적 그리고 경영자적 모범을 기리며

---

*   이 두 분은 몬드라곤의 최초 창업자 다섯 명 가운데 이 책이 출간된 현재까지 살아계시면서, 몬드라곤의 오늘이 있기까지 가장 큰 공헌을 한 분들이다. 뿐만 아니라 지금도 가끔씩 몬드라곤 경영대학에 오셔서 젊은 학생들에게 특강을 하거나 후배들에게 귀감이 되는 정신과 행동으로 협동조합 경험을 전수하고 있다. (옮긴이. 이하 이 책의 주는 모두 저자와 협의하여 옮긴이가 달았음을 밝힙니다.)

프롤로그

조각나고 흩어진 사회에서는
창조적 경제를 튼튼하게 지켜나갈 수 없다.

— 리처드 플로리다*(창조적 기업가정신의 대가)

경제위기가 그 혹독한 모습을 드러내기 훨씬 전인 2006년 3월에, 이코노미스트 인텔리전스 유닛^{The Economist Intelligence Unit**}은 〈이코노미스트〉에 전 세계의 전문가 및 여론 주도층과 한 심층 인터뷰와 함께, 경영자 1,600여 명을 대상으로 실시한 설문조사 내용을 실었다. 설문의 목적은 2020년까지의 경제 전망을 해보자는 것이었다. 두 분야로

---

* 《신창조 계급*The rise of the creative class*》(북콘서트, 2100)의 저자로서, 노동자 계급을 대신하여 창조 계급이 시대의 주역으로 부상하고 있음을 주장하였고, 창조성을 촉진하는 데 있어서 기업 자체보다는 도시나 지리적 조건이 창조적인 사람, 창조 계급을 끌어들이는 데 얼마나 매력적인 조건을 가지고 있는가에 초점을 두고 이론을 주장했다.

** 영국의 시사주간지 〈이코노미스트〉의 계열사로, 경제 및 경영에 대한 전망과 전문 서비스를 제공한다. 1946년 설립되어 세계 200여 나라의 경제, 정치 전망에 대한 분석 및 중장기 예측을 하는 기관이다.

나누어 변화를 전망했는데, 하나는 8개 주요 산업 부문에 대한 것이었고, 다른 하나는 기업 구조와 경영에 관한 것이었다.

향후 15년에 걸쳐 이들 주요 분야에서의 변화는 아주 클 것으로 전망됐는데, 이 조사에서 드러난 추세는 다음과 같았다.

- **세계화** : 경제성장의 핵심변수가 될 것이다.
- **인구학** : 여성들의 경제활동 참여는 성숙시장에서의 인구학적 문제를 어느 정도 상쇄할 것이다.
- **현지화** : 세계화와 정보기술의 결합으로 인해 기업들은 전 세계 어디에서나 인재 및 지식을 확보할 수 있게 될 것이다. 가치사슬이 복잡해짐에 따라 공동작업과 공동작업 도구의 중요성은 더욱 커질 것이다.
- **고객 지향성** : 제품 및 서비스는 고객에게 맞추어질 것이고, 모듈형 제품, 맞춤형 디자인 및 고객의 특정 요구를 반영하는 상품과 서비스 생산이 이루어질 것이다.
- **지식경영** : 경쟁 우위 요소가 점점 더 빠르게 변할 것이기 때문에 조직을 효율적으로 유지하기가 어려워질 것이다. 그러므로 개인의 창의성과 지식 노동자의 생산성이 한층 더 중요해져 핵심이 될 것이다. 이런 조직상의 과제가 기업 경영자들에게 가장 커다란 도전이 될 것이다.

경쟁 우위를 가름하는 것은 가격(물론 원가인하 압력은 여전히 매우 크겠지만)이 아니라, 제품의 고객 지향성 및 우수한 고객 서비스일 것으로 보인다. 이 설문조사에 따르면, 미래에는 자동화나 프로세스로 만들기 어려운 측면이 있는 인간적 감성이 경쟁 우위의 결정적 요인이 될 것이라고 한다. 지식 노동자가 경쟁 우위의 주된 원천인 것이다. 회사 내부 및 외부의 관계들이 고객, 공급자 및 지식 네트워크와 결합되어 승수효과를 가져올 것이다. 다가오는 미래의 경영에 있어서는 어떻게 생산적인 지식을 만들고 거기서 가치를 끌어내느냐가 주요 도전과제가 될 것이다.

그렇다면 미래에 기업은 어떻게 될까? 경영은 또 어떻게 될까?

이와 관련해 가라이아GARAIA 혁신센터*가 내린 답은 과학-기술-혁신-사회 시스템의 결합이 무엇보다 중요해지리라는 것이다.

발전한 사회의 지속적인 성장은 고급과학의 진보에 바탕을 두고 있다. 그래서 상당한 자원을 과학에 투자해 연구 책임자들이 필요한 기술을 개발할 수 있는 수단과 여건을 갖춘다.

그렇지만 많은 경우 이것만으로는 충분하지 않다. 과학의 진보가 국가 발전에 미치는 영향은, 과학 진보의 성과를 과학에 기초한 사회

---

* 가라이아 혁신센터는 몬드라곤 그룹의 사업 영역을 혁신하고 새로운 사업을 개발하기 위한 조직으로, 몬드라곤 그룹본부의 혁신담당 부이사장이 당연직으로 센터장을 맡고 있다.

경제적 발전을 가져올 수 있는 기업이나 조직들에게 이전하는 메커니즘이 얼마나 효율적인가에도 크게 좌우된다. 흔히 이런 메커니즘이 효율적으로 작동하지 않아서 일자리와 부와 번영을 창출할 좋은 기회들을 놓치는 것이다.

그러므로 과학과 과학에서 도출된 기술, 기업에 의한 혁신기술의 실현, 그리고 사회에서의 활용(일자리 창출과 발전), 이 네 가지의 결합이 과학-기술-혁신-사회 시스템이 효율적으로 기능할 수 있는 핵심 요소다. 이 결합 시스템이 원활히 작동될 때 투자된 자원이 다시 사회 경제적 발전을 낳게 되는 것이다.

전 세계에서 지리적으로 발전이 확산되고 있는 상황에서, 가라이아 혁신센터는 선진국의 일원으로서 국가의 발전과 경쟁력 제고를 위해 도전하고자 하는 분명한 의지와 강한 동기를 가지고 있다.

과학기술, 사회적 자본 및 인적 자본은 새로운 혁신 시스템의 핵심이다. 이 같은 새로운 차원을 더 잘 파악하고 더 빠르게 적응하는 기업들은 분명 더 크게 번창할 것이며, 인구 전체의 삶의 질과 균형에 밀접한 영향을 끼칠 것이다.

대학교와 기술연구소, 기업과 경영자는 과학-기술-혁신 시스템의 핵심 행위자로서 적절한 사회적 진보를 가져올 커다란 변혁의 견인차가 되어야 한다. 어떠한 변혁일지 추측해보기도 하고 직관적으로 그려볼 수도 있겠지만, 그 대부분은 전혀 상상할 수 없을 것이라고 나는 확신한다.

산업 분야의 소규모 기업들은 독자적으로 내생적 개발을 하기가 어려우므로 협동을 통한 공동개발 전략을 취할 수밖에 없다. 혁신을 위한 협동의 첫 번째 관계망은 대학교나 기술연구소들과 맺어야 할 것이다. 이는 진정한 협동의 과정에서 아이디어와 사람이 모두 순환하는 진정한 '지식의 서클'이 될 것이다. 가라이아 혁신센터는 공간과 인프라, 사람을 공유함으로써 이러한 협업을 실현해왔고, 그래서 핵심적인 기업개발센터가 되었다. 바스크 지역에 거점을 두고 활동하고 있지만, 그 관계망은 열려 있어 스페인 전국 및 외국에까지 뻗어나가고 있다.

수십 년간 전 세계에 걸쳐 이러한 인프라 조성활동을 해온 결과 주요한 지식을 축적할 수 있었다. 특히 가까이는 유럽 시장에서의 경험에서 나온 것들이고 이는 지역의 사회 경제적 개발에 의심할 여지 없이 긍정적인 효과를 낳고 있는데, 그 내용은 이러하다.

첫째로 기업 지향성을 강조하고 싶다. 기업활동의 발전을 옹호하는 국가라는 전체적인 맥락에서 본다면 기업들이야말로 경쟁력의 진짜 주역들이다. 그러므로 경쟁 우위를 이루기 위해 부가가치 높은 서비스를 제공하려는 기업들의 요구에 부응해야 할 것이다.

둘째로 강조하고 싶은 것은 이런 종류의 인프라가 혁신 프로세스를 촉진하기 위한 최고의 공간이라는 점이다. 과학기술 및 기업가적 지식이 있는 주체들과 정부 및 사회가 함께 상호작용하는 색다른 기업 환경을 만드는 것이 아주 중요한데, 이러한 인프라가 통상적 상황에서는 저절로 만들어지지 않는 프로세스를 제공해주기 때문이다. 이 같은 새로운 관계에 입각해 인적 자본, 네트워크, 혁신 금융, 창업 문화 촉진, 성공에 대한 평가 등의 중요성을 인식하면서, 혁신 친화 공간이라고 부를 만한, 오늘날에는 일반화된 이러한 인프라를 이끌어내었다.

이처럼 성공적인 결과를 낳게 된 것은 이러한 공간이 제공하는 훌륭한 설비 때문만은 아니다. 오늘날과 같은 지식사회에서 미래의 기준이 될 수 있는 차별화의 열쇠는 역량과 철학을 지닌 사람에게 있다.

셋째이자 마지막으로 강조하고 싶은 것은 혁신 공간에서 일어나는 활동들의 사회적 미션이다. 지금과 같은 경쟁과 대혼란의 시기에는 사회적 및 경제적 측면뿐 아니라 정보와 지식 면에서도 누군가 배제되는 영역이 생기지 않도록 애쓰는 나라만이 장기적으로 성장과 발전을 이루어낼 것이라는 점을 잊지 말아야 한다. 발전이 모두에게 혜택을 줄 수 있도록 배려해야 하고, 경제의 긍정적 영향이 사회 여러 분야에 걸쳐 폭넓게 확산되도록 적절한 정책들이 실행되어야 할 것이다.

혁신 공간은 활동 지역에 커다란 경제적 영향을 미칠 것이다. 그들의 중추적 활동은 상호보완적인 여러 분야(제조업 분야, 전통산업 분야, 중간재 산업, 서비스 등)에 대하여 연속해서 부를 퍼뜨리면서 일자리와 부를 창출해낼 것이다.

이 같은 사회적 미션에 대하여 좀 더 얘기하자면, 사회 전반에 걸쳐 기술을 약자 친화적으로 응용한 중요한 성과들을 놓치지 말아야 한다. 예를 들어 어린이나 노인들과 관련된 분야를 말하는 것이다. 이 방향으로 기술을 좀 더 잘 이해하고 응용 가능한 분야를 찾아내고 개발하도록 함으로써, 흔히 기술 진보로 생기는 정신적 장벽과 미지에 대한 두려움을 극복하도록 돕자는 것이다.

가라이아 혁신센터는 이러한 사명에 부응하고 있다. 한때 대학의 기술연구소와 기업이 공간적으로 한곳에 있다는 것이 강조되었다면, 이제는 이러한 트렌드(협동과 개방형 혁신)를 품어야만 할 것이다.

이를 위해서는 다음과 같은 사항들을 살펴봐야 한다.

- 협동의 필요성
- 지식의 전환 속도
- 개방형 혁신 시스템에 자원을 투입할 필요성. 이 개념은 다음 두 가지 핵심 아이디어에 근거하고 있다. 하나, 기업들은 자기들의 혁신 역량을 높이기 위하여 외부의 지식 및 기술을 사용하지 않을 수 없다. 둘, 기업들은 내부적으로 가치 있는 혁신을 개발해내곤 하지만 이것들이 곧바로 자기 사업에 응용되지 못하는 경우가 많다.

이런 점들을 볼 때 사업적 및 사회적 태도와 행동으로서 협동의 중요성이 다시금 강조된다. 과학 분야에서 가장 권위 있는 간행물인 〈사이언스〉는 최근호 표지 기사에서 21세기의 가장 중요한 도전은 협동에 대한 지식이라고 하였다. 협동은 이 변화무쌍한 시대에 복잡하고 해결하기 어려워 보이는 문제들을 다루는 데 있어 아주 핵심적인 방법으로 떠오르고 있다. 21세기는 정보량은 무한히 늘어나고, 의사결정은 빨라야 하고, 많은 것이 서로 연결되어 있는 그런 세상인 것이다.

이냐시오 이리사르 박사와 그레그 맥레오드 두 저자는 몬드라곤 협동조합 그룹 내 성공적인 기업들의 경영 모델을 32가지로 요약하여 그 경험을 공유함으로써, 독자들에게 같은 과제에 대해 찬찬히 분석하고 진지한 성찰을 할 기회를 제공하고 있다. 저자들은 우리가 대비해야 할 트렌드와 그에 따른 경영 모델의 변화를 따라잡을 수 있도록 훌륭한 제안을 하고 있다.

가라이아 혁신센터로서는 다가오는 지식사회의 특징적 요소를 꼽는다면, 네트워킹, 가치 창출의 원천인 창의성, 협동 공간의 집중, 실천의 커뮤니티화, 그리하여 사회적 응집과 집단 진보를 보장하는 최고 형태로서의 사회적 자본이라고 거듭 강조하고 싶다.

안도니 가르치아(가라이아 혁신센터 센터장)

⋯⋯⋯○　　부의 분배는 필요한 일이지만,　　○⋯⋯⋯
노동의 진정한 인간화를 생각할 때
좀 더 절실한 것은 문화의 사회화다.

– 호세 마리아 아리스멘디아리에타 신부(몬드라곤 협동조합 창립자)

　몬드라곤 경영 모델을 통째로 다른 환경으로 옮겨 놓기는 매우 어려운 일이다. 그렇지만 몽땅은 아니더라도 경영의 어떤 핵심요소들은 다른 나라와 다른 지역에 있는 다른 기업들에서도 실천할 수 있으리라고 생각한다.

　이것이 우리가 이 책을 쓴 주된 이유다. 몬드라곤이 아닌 다른 곳에 있는 경영자들이 이 책에서 영감을 얻고 벤치마킹을 해서 부와 고용을 일구어내기를 바란다.

　2004년에 경영학의 대가인 MIT의 토머스 멀론Thomas Malone 교수가 《일의 미래The Future of Work》라는 책을 펴냈는데, 20년에 걸친 심도 깊은 연구에 근거하여 미래에 기업들이 성공하기 위해 갖추어야 할 특성으로 다음과 같은 것들을 제시하였다. 구성원들에게 어떤 일을 언제 할지를 결정할 좀 더 큰 자유 주기, 구성원들이 자기들이 일하는 조직의 장^{boss}을 선택하고* 중요한 의사결정을 자유로이 직접 투표로 하게 하기, 노동자들이 피고용자로 일하지 않으며, 어디서든 온라인으로 연결되어 일할 수 있도록 하기 등이다. 그러면서 이와 관련해 몬드라곤 그룹**을 비롯하여 몇몇 사례를 들고 있다. 부록 1에 해당 부분 요약을 실었다.

또한 미국의 유명한 경제 월간지인 〈하버드 비즈니스 리뷰^{Harvard} $^{Business\ Review}$〉 2009년 7·8월호에 캐나다의 저명한 경영 전문가이자 맥길 대학교 교수인 헨리 민츠버그$^{Henry\ Mintzberg}$의 "기업을 커뮤니티로 다시 세우기"라는 논문이 실렸는데, 그 글에서 민츠버그는 현재 경제 위기의 저변에는 좀 더 큰 또 다른 위기가 깔려 있다고 지적하고 있다. 바로 커뮤니티로서의 기업, 즉 소속감 그리고 기업 자체보다 더 중요한 사람들에 대한 배려심 등이 사라지고 있다는 점이 그것이다.

수십 년간 단기 업적주의 경영이 유행하면서 특히 미국에서 CEO

---

* 파고르 에델란 협동조합의 경우 몇 년 전부터 일부 본부 및 팀의 본부장과 팀장들을 그 조직원들이 선출하는 실험이 시작되어 현재 진행 중이다. 이는 그 당시 조직의 장들이 스스로 협동조합의 정신에 입각하여 조직을 혁신하고자 하는 바람에서 제안하여 시작되었으며, 매년 조금씩 확대하면서 실험을 계속하고 있고 현재까지는 긍정적이라고 한다. 이런 일은 몬드라곤 내에서도 새로운 경영 혁신 실험에 속한다.

** 몬드라곤 그룹의 정식 명칭은 Mondragon Cooperative Corporation이고, 약칭은 MCC 혹은 the Corporation이며, 스스로를 '그룹'이라고 부른다. 우리말로는 정식 명칭을 '몬드라곤 협동조합 그룹'으로 했으며, 약칭 the Corporation은 '그룹'으로 번역하였다.

의 중요성은 부풀려진 반면 회사 내 다른 사람들은 대체 가능한 인적 자원으로 가볍게 여겨지게 되었다. 예를 들어 주가가 떨어지면 인적자원은 감축할 수 있게 된 것이다. 그 결과 세계 경제에 팽배한, 배려심 없고 무자비한 행동이 일상화되었다. 서브 프라임 모기지 사태는 그 적나라한 사례 가운데 하나다.

《일의 미래》에서처럼 민츠버그 교수도 세계적으로 훌륭한 사례 네 개를 들고 있는데, 몬드라곤 그룹은 여기에도 속했다. 부록 2에 이 논문이 실려 있다.

멀론 교수와 민츠버그 교수가 몬드라곤 경영 모델을 서로 다른 경제 상황에서, 다시 말해 하나는 좋은 상황에서 다른 하나는 위기 상황에서, 그리고 서로 다른 근거로 언급하고 있다. 그리하여 두 문헌 모두에서 선택된 유일한 사례가 되었다.

또한 지식경영 우수사례에 대한 네트워킹 및 벤치마킹에 전문화된 글로벌 네트워크인 노 네트워크Know Network와 텔레오스Teleos는 2009년 11월에 간행한 보고서에서 '지식경영' 분야 유럽 10대 기업 중 하나로 몬드라곤을 꼽았다. 나머지 9개사는 스페인의 우리아 메넨데스, 영국의 BBC와 브리티시식유, 스웨덴의 에릭슨과 이케아, 핀란드의 노키아, 네덜란드의 로열 더치 셸 및 독일의 SAP 와 지멘스였다.

*

우선 이 책은 참고문헌에 수록된 기존 저작들에 바탕을 두고 있음을 밝혀야겠다. 그분들 모두에게 감사드린다.

그리고 내가 오랫동안 일했던 몬드라곤 그룹의 6개 협동조합에서 경험을 함께한 나의 상사와 동료들, 협력자들에게 감사를 드리지 않을 수 없다. 또한 파고르, 노동인민금고 및 그룹의 개척자이자 설립자인 호세 마리아 오르마에체아Jose Maria Ormaetxea, 에로스키의 설립자인 안토니오 칸셀로Antonio Cancelo, 이켈란의 설립자인 마누엘 쿠베도Manuel Quevedo, 이분들의 가르침에 감사의 마음을 전하고 싶다. 이분들은 내가 담당했던 대학원 과정의 모든 코스와 세미나 및 학회에 참여하여 그분들만이 지닌 인간적이고 전문가적인 경험들을 나누어주었다.

이 책의 편집을 도와준 몬드라곤 가라이아 혁신센터의 센터장인 안도니 가르치아에게도 깊이 감사드린다. 그의 무한한 지원과 도움은 사회에 가치 있는 일을 하고자 협동하는 것이, 서로 다른 조직 간에 함께 일하는 시너지가 무엇인지 여실히 보여주었다.

또한 많은 초고들을 읽고 흥미로운 조언을 해준 친구이자 전문가들에게서도 도움을 받았다. 그 가운데 정말 큰 도움을 베풀어준 몬드라곤 성당의 전 주임신부인 하비에르 에체베리아 신부께 감사드린다. 그는 호세 마리아 아리스멘디아리에타José Maria Arizmendiarrieta 신부의 사목 협력자로서 호세 마리아 신부의 마지막 날까지 함께하신 분이다.

이냐시오 이바론도와 카를로스 아지레벤고아에게도 감사드리는데, 사업적으로나 사회적 기준으로나 대단한 분들로서 이 지역에서 아주 유명한 주식회사의 전직 경영자였다.

또 몬드라곤 그룹의 여러 협동조합들을 거쳐 은퇴한 하비에르 아차에게도 감사드리는데, 그는 아마트^{Amat}와 울마^{Ulma}를 비롯한 여러 협동조합에서 경영자 및 이사로서 많은 경험을 쌓은 분이다.

또 몬드라곤 경영대학의 지역개발 및 협동조합 기업 담당 연구원인 여수 리자랄데에게도 감사드린다. 그는 전문성은 물론 성실하고 친절하게 도서관 자료조사를 도와주었다.

그리고 이 책을 쓸 수 있도록 격려해준 우리 가족 필리, 레이레와 혼에게도 고마움을 전한다. Eskerrikasko.*

이냐시오 이리사르
irizar53@gmail.com

---

* '감사합니다'라는 바스크어

· · ·

몇 년 전 미국 연방준비제도의 의장이 캐나다 핼리팩스에서 열린 콘퍼런스에서 탐욕이 발전의 자극제가 될 수 있기 때문에 "탐욕은 나쁜 것이 아니다."라고 말했는데, 2008년 경제가 무너진 뒤에 일부 분석에 잘못이 있었다고 인정했다.

2009년 7월 20일자 영국의 유명 일간지 〈가디언〉에 아드리안 파스트*의 흥미로운 기사가 실렸는데, 경제와 사회의 균형이 잡힌 모델의 하나로 몬드라곤 그룹의 협동조합 발전이 언급되었다. 같은 시기에 또 영국의 신문 〈옵서버〉에서 윌리엄 허턴**은 정치인들이 개인의 이익보다 '공동선이 우위'라는 점을 회피하고 있는 것이 문제라는 경제적 이슈를 제기하였다.

기업을 경영하는 이유가 단지 이익이라고 간주하는 시스템이 있다면 나는 그런 시스템은 부도덕하다고 생각한다. 사업을 하는 목적과 기준은 공동선이어야만 한다. 이익 추구에 반대하는 것이 아니라 이익이 성공의 유일한 척도여서는 안 된다는 것이다.

전 세계 각지의 지성인들은 주로 이익만을 추구하는 조직과는 다른 기업조직 시스템을 깊이 연구해야 할 것이다. 왜냐하면 이익은 발전의

---

* 영국 켄트 대학교의 정치학 교수로, 시장과 국가의 역할에 대한 연구를 주로 하고 있다.

** 〈옵서버〉의 전 편집장이었으며, 현재는 옥스퍼드 대학교의 하트퍼드 대학 경제학 교수이다. 신자유주의를 비판하고, 중도좌파 정책을 옹호하며 노동당에 관계하는 것으로 알려져 있다.

수단일 뿐이지 목적이 아니라는 점을 보여주는 다른 대안기업들이 있기 때문이다.

몬드라곤 그룹은 품질경영, 효율성, 매출액 등의 측면에서 성공적인 대부분의 다른 기업들과 비슷하지만, 동시에 매우 다르다.

경기장 밖에서 축구경기를 바라보면 선수들의 움직임은 비슷해 보인다. 좀 더 빠르고 패스가 정확한 팀이 좀 더 느리고 서투른 팀을 이길 것이다. 그렇지만 동기부여와 가치관이 큰 차이를 불러올 수 있다. 선수들이 큰돈을 버는 데만 관심이 있다면, 우리는 그렇고 그런 팀을 보게 될 것이다. 만약 선수들이 경기를 사랑하고 기술과 팀워크를 소중하게 여긴다면 우리는 전혀 다른 팀을 보게 될 것이다. 얼핏 보면 이 둘이 비슷한 팀으로 보이겠지만 장기적으로는 전혀 다른 모습을 띠게 될 것이다.

사업에 있어서도 마찬가지다. 만일 어떤 회사가 주주가치를 높이는 데에만 집중한다면, 뭐 그런 종류의 회사가 될 것이다. 그러나 인간개발에 가치를 둔다면 그 회사는 달라질 것이다. 후자의 경우 일자리 창출이 주주의 부를 늘리는 것보다 더 중요할 것이다. 겉보기에는 두 회사가 비슷해 보이겠지만 핵심적인 의사결정의 내용은 달라질 것이다.

그레그 맥레오드
gregmacleod@ns.sympatico.ca

1 | 몬드라곤 그룹의 오늘

근거 없이 주장되는 모든 것들은 흔적도 없이 흩어질 것이다.

– 유클리드(그리스의 수학자)

1

몬드라곤 협동조합이
걸어온 길

먼저 몬드라곤 협동조합 그룹의 역사적 발전과정을 간단히 살펴보려한다. 발전에 영향을 끼친 주요 사건들의 의미에 대한 자세한 언급은 생략하고, 시작 때부터 지금까지 연도별로 가장 중요한 사건들을 중심으로 정리해보기로 하자. 그러면 발전과정을 세 시기로 나눌 수 있다.

1 | 1941~1956년 청소년 교육기

• 1941년 : 호세 마리아 아리스멘디아리에타 신부가 몬드라곤에 부임했을 때 그의 나이 25세였다. 호세 마리아 신부는 그 시절에 신앙심이 열렬하고 신앙활동이 활발했던 점을 잘 활용하여, 가톨릭 활동단체인 가톨릭노동청년회^{JOC} 및 그 지역에서 가장 큰 기업체인 '세라헤라 유니언^{Cerrajera Union}'의 도제학교를 통해 12세에서 18세까지의 젊은이들과 만나기 시작했다.

• 1943년 : 호세 마리아 신부는 이투리페^{Iturripe}에 16,000m²의 땅을 확보해서 청소년 스포츠단을 만들었다. 그리고 공간을 빌려서 직

업기술학교를 열었는데, 산업훈련 1기 과정에 21명의 학생이 등록하였다. 그는 이 학교를 겸손하고도 엄격하게 빈민학교라고 부르곤 하였다.

- **1947년** : 그는 직업기술학교를 마친 젊은이들 가운데 12명이 기술 전문성을 높일 수 있도록, 세라헤라 유니언에서 일하면서 사라고사 대학교에서 무료로 학업을 계속하도록 주선하였다. 그들의 전공은 기계, 화학 및 전기 공학이었다.
- **1954년** : 세라헤라 유니언이 자본증자를 추진하자 호세 마리아 신부는 노동자들도 그 증자에 참여하게 해달라고 회사 측에 제안하였다. 그러나 회사 측은 이를 거절했고, 이때 호세 마리아 신부는 새로운 형태의 회사를 만들어야겠다고 절실히 느끼게 되었다.

2 | 1956~1973년 사업 형성기

- **1956년** : 다섯 명의 젊은 창업자들이 울고(ULGOR, 오늘날의 파고르 가전)라는 제조협동조합 공장을 설립하였다. 직원은 열여섯 명이었고, 회사 이름은 창업자 다섯 명(Usatorre, Larrañaga, Gorroñogoitia, Ormaetxea 그리고 Ortubai)의 이름 앞글자를 따서 지었다.
- **1958년** : 호세 마리아 신부는 에로스키Eroski의 전신인 산호세 소비자협동조합의 설립을 추진하였다. 그 외에도 여러 가지 제조협

동조합들이 설립되었다.

- 1959년 : 호세 마리아 신부가 노동인민금고$^{Caja\ Laboral}$를 설립했다. 노동인민금고는 통상적인 은행 기능 외에 훗날 민간 사회보장보험회사인 라군 아로$^{Lagun\ Aro}$로 발전하게 되는 상호공제 기능도 수행하였다.

- 1966년 : 호세 마리아 신부가 20년 전에 사두었던 이투리페의 40,000m² 부지에 기술전문학교*가 설립되었다.

- 1966년 : 라군 아로 EPSV**가 자체 사옥을 갖게 되었다.

- 1966년 : 첫 번째 지역기반 협동조합 그룹인 파고르^{Fagor} 그룹이 형성되었다.

- 1968년 : 알레코프^{Alecop} 학생 산업협동조합이 결성되었는데, 이 협동조합 훈련센터에 등록한 학생들은 하루의 절반은 일하고 절반은 학교에 다닐 수 있었다. 호세 마리아 신부는 돈이 없어서 학업을 계속하지 못하는 상황을 참을 수 없어 했다.

- 1968년 : 아우소라군$^{Auzo-Lagun}$이라는 산업협동조합이 만들어졌는데 이는 기혼 여성들에게 시간제로 일할 기회를 주기 위해서 만든 것이었다.

---

* 직업기술학교가 기술전문학교로 발전한 것임. 당시에는 사립대학 설립이 허가되지 않았으므로 전문학교라고 한 것이고 후에 과학기술대학으로 발전하였다.

** 자발적인 사회복지기관, 즉 민간이 세운 사회보장 업무 기관이라는 의미이다.

3 | 1973년부터 현재 협동조합 '경험' 성년기

- **1974년** : 이켈란^{Ikerlan} 기술연구소가 설립되었다. 이 연구소는 기계 및 전자 분야에 특화된 곳이었다.
- **1976년** : 처음으로 해외 주재원이 프랑스와 독일, 영국으로 파견되었다.
- **1986년** : 최초의 해외 현지법인 공장이 태국에 설립되었다.
- **1987년** : 두 번째 기술연구소인 이데코^{Ideko}가 공작기계 전문연구소로 엘고이바르에 설립되었다.
- **1989년** : 협동조합들의 총회^{Congress}가 처음으로 열렸다. 몬드라곤의 모든 1차 협동조합들을 대표하는 하나의 연합체가 만들어졌다.
- **1992년** : 몬드라곤 그룹의 본부가 만들어졌다.* 노동인민금고의 기업국 기능이 본부로 옮겨지고**, 노동인민금고는 금융기관 기능만 수행하게 되었다. 그룹본부는 중앙 사무소와 금융 부문^{division}, 유통 부문 및 7개의 산업 부문으로 구성되었다.
- **1997년** : 몬드라곤 대학교가 설립되었다. 이는 바스크 의회가 승인한 첫 번째 대학이었다. 몬드라곤 대학교는 몬드라곤 지역에 세 개의 대학으로 이루어졌는데, 몬드라곤 지역의 과학기술대학,

---

* 개별 협동조합이 몬드라곤 그룹에 가입하기 위한 조건에 대하여는 미주 1 참조
** 자세한 내용은 미주 2의 2) 참조

오냐티^{Onati} 지역의 경영대학 그리고 에스코리아차 지역의 인문대학이다.

- 2003년 : 가라이아 혁신센터가 설립되었다.
- 2007년 : 최초의 해외 공단이 중국 쿤산에 설립되었다.

| 2 |
초기 성공의 배경

경제학에는 로켓을 쏘아 올릴 때처럼 발사 단계에 이르는 것이 중요하다는 말이 있다. 즉, 로켓이 지구의 인력으로부터 벗어나려면 동역학 에너지가 최대일 때 이륙해야 한다는 것이다. 그러나 일단 궤도에 오르고 나면 중력과 균형을 이루고 있으므로 연료를 거의 소모하지 않고도 잘 날아간다.

협동조합 출발기에 이 발사 단계에 이르기 위해서 두 개의 외생변수와 두 개의 내생변수가 있었다고 할 수 있다.

외생변수

1. 호세 마리아 신부가 사람들의 의식을 일깨운 것이 동인이었다.

그는 늘 사람들이 뭔가를 하도록 자극했다. 또한 15년 동안 젊은 창업자들에게 일련의 가치관을 심어주었고, 스스로가 그 가치의 모범이 되었다. 그가 그의 메시지를 따르는 여러 협력자들을 얻게 되었을 때, 그가 한 일은 "앞으로!"라고 말한 것이다. 그는 구조를 세운 놀라운 발명가이고 대단한 추진력을 가진 분이었으며, 교사였다.

2. 두 번째는 회사를 시작하기 쉬운 환경이었다. 전후에 스페인은 제품이 부족해 회사를 만들기가 비교적 쉬웠고, 내수시장이 잘 보호된다는 이점을 누릴 수 있었다. 기술만 있다면 사업을 처음 해보는 초보자라도 공장을 잘 운영할 수 있었다. 몬드라곤의 창업자들처럼 준비가 잘 되어 있는 젊은이들의 경우에는 더 쉽게 내수시장을 차지할 수 있었다.

내생변수

3. 높은 수준의 도덕률이 심어져 있었다. 창업자들은 개인적으로 절대적인 신념을 지니고 있었으며, 이런 신념은 발사 단계에 이르기까지의 발전, 역동성 및 성장에 결정적 요소였다. 다른 이슈들이 개입되는 순간부터 다른 변수로 인한 상황들이 벌어졌지만, 수준 높은 도덕률은 호세 마리아의 경험 혹은 몬드라곤의 경험이라고 불리는 협동조합 조직의 기초였다.

호세 마리아 신부의 주된 관심은 시민들로 이루어진 몬드라곤 방식의 협동조합 커뮤니티*를 활성화하고 커뮤니티에 속한 사람을 향상시키는 것이었다. 협동조합은 '부유한 개인들'을 만드는 것이 아니라, 모든 개인이 괜찮은 삶을 살 수 있고, 그런 삶을 추구하는 '풍요로운 사회'에 관심이 있었다. 괜찮은 삶이란 삶에 대해 차분하고 균형 잡힌 관점을 지니는 삶을 추구하는 것이다. 이것이 그가 고민한 것이었으며, 어떤 사적인 야망이 떠오를 때마다 자신을 채찍질하곤 했다.

이런 도덕률에 기초해, 노동과 인간적 측면을 우선하고, 교육을 기본요소로 삼으며, 노동·연대·제도적인 절제·검소한 운영을 핵심 가치로 삼는 기업을 만들고자 한 것이다.

4. 두 번째 요소는 (3에서 언급된 원칙들에 입각한) 체계적으로 짜여진 내부 규칙들이었고, 이것이 협동조합 내부의 생활을 형성해갔다. 좋은 규칙이 좋은 회사를 만드는 것은 아닐 것이다. 그러나 회사가 좋은 규칙을 가지고 있지 못하다면 좋은 회사가 되기는 어려울 것이다.

보통 회사의 정관 제2조에는 기업의 목적이 서술되어 있다. 그런데 첫 번째 협동조합의 정관 제2조에는 다음과 같이 쓰여 있다.

---

*   커뮤니티를 공동체로 번역하지 않고 그냥 쓴 이유는, 공동체라는 단어의 의미가 거의 생사를 같이하는 수준의 공동체에서 아주 느슨한 지역사회 내지는 단순한 조직의 의미까지 광범위하기 때문이다. 물론 커뮤니티라는 단어도 어느 정도 그러하지만. 몬드라곤에서 커뮤니티라는 말의 의미는 바스크의 전통적인 "평등이라는 정의의 감각"이 살아 있는 지역, 동네 혹은 집단이라는 의미라고 여겨진다.

"이 협동조합의 사업적 목적은 가전제품의 제조 및 판매이다."

이렇게 적혀 있는 까닭은 협동조합의 사회적 목적은 냉장고나 세탁기를 만드는 것이 아니기 때문이다. 위 내용은 사업 차원에서의 목적이다. 협동조합은 차원이 다른 목적을 가지고 있다.

"인간적이고 그리스도교적인 연대의 틀 안에서 인간적 품위와
노동의 열망에 적합하게 (목적을) 달성할 수 있도록 생산의 요소
와 방법들을 조합하는 데에 적합한 제도가 협동조합 방식이다."

이것이 핵심 정신인데, 그리스도교적이라는 용어를 썼지만 협동조합은 비종파적이었다. 이어지는 조항은 이렇다.

"노동은 인간 열망의 진보적 성취를 위한 섭리이며 공동선을 달
성하기 위하여 커뮤니티의 다른 구성원들과 함께 노력하는 증거
이다."

자본에 대해서는 아무런 언급이 없다. 이런 관점에서 호세 마리아 신부는 노동, 연대, 커뮤니티, 절제만을 반복해서 강조할 뿐이었다. 호세 마리아 신부는 노동을 인간의 열망을 진보적으로 성취하기 위한 도구로 보았으며, 노동의 역할에 대해 깊은 신뢰와 마음으로부터의 존중

을 가지고 있었다.

그 시절 이후 노동의 역할은 변해왔는데, 노동의 도덕적 가치에 무관심해지는 경향이 있다.

3

몬드라곤 그룹의
조직 구조와 규모*

몬드라곤 협동조합 그룹은 조직구조상 개별 협동조합이 기초가 된다. 개별 협동조합의 구성은 도표 1과 같다.

조합원 총회는 대의 및 주권 면에서 최고 기관이다.** 총회는 정기총회와 임시총회가 있으며, 이사회가 소집한다. 총회는 조합원들이 가능한 범위 내에서 현안에 대한 토론과 합의를 하기 위해 열리는 모임이다. 의견이 다르든 같든, 총회에 참석을 했든 안 했든, 모든 조합원은 총회의 결정에 따라야 한다. 총회에서 하는 중요한 일 중 하나는 이사

---

*   미주 3과 4 참조
** 개별 협동조합의 거버넌스에 대한 자세한 설명은 미주 6 참조

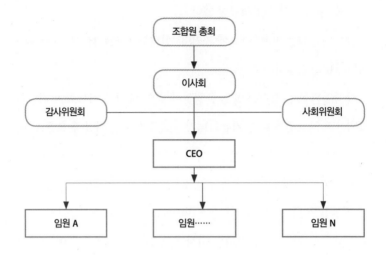

도표 1 : 협동조합 기업의 표준 조직도(자료 : 저자)

회, 감사위원회 및 사회위원회의 각 구성원들을 비밀투표로 선출하거나 해임하는 일이다.*

이사회는 협동조합의 유일한 대표이자 경영을 책임지는 공식 기구로, 법에 의해 총회나 다른 기구에 위임되지 않은 모든 권한을 행사한다. 이사회의 구성원은 보통 12명이고, 임기는 4년이다. 2년마다 이사 가운데 절반을 새로 선출하는데, 조합원은 누구나 피선거권이 있다. 이사장, 부이사장 및 사무총장은 총회에서 직접 선출된다. 이사회는 4년

---

* 몬드라곤 선거의 특징은 입후보자가 따로 없고 모든 조합원을 대상으로 투표한다는 점이다. 미주 6의 5)에 나오는 선출방식 참고.

임기의 CEO를 선출할 책임이 있다.

감사위원회는 30번 항목에 자세히 설명되어 있는데, 기본 책무는 재무제표를 검토하는 것이다.

사회위원회*는 협동조합을 운영함에 있어 총회나 이사회의 권한을 침해하지 않으면서 현장 커뮤니티가 지속적으로 참여할 수 있도록 하는 조직이라고 정의할 수 있다. 따라서 사회위원회는 이사회 및 경영기구에 대하여 협동조합과 조합원 및 비조합원을 대표할 권한을 가지며, 직원들의 희망사항을 전하는 대변인이 되는 것이다.

조직상 볼 때, 사회위원회는 이사회 및 경영기구에 대하여 자문기구의 성격을 띠며, 직원 및 조합원들의 고용관계에 영향을 끼치는 모든 문제에 대하여 보고할 의무**가 있다. 보통 사회위원회 위원은 직원 20명에 1명꼴로 선출하며, 협동조합이 아닌 기업의 노동조합과 비슷한 역할을 수행한다.

개별 협동조합은 같은 사업 분야에서 활동하는 협동조합들끼리 모여서 부문^{division}을 구성한다. 현재 몬드라곤에는 4개 부문(금융, 산업, 유통, 지식)이 있다. 50여 명이 스태프로 일하는 그룹본부('기업센터'라

---

* 사회위원회를 (조합원)평의회 등으로 번역하기도 한다. 그렇지만 사회위원회는 일반 조합원의 고충을 전하고 조사하거나 의견을 수렴하는 역할을 하지, 조합원들의 대의원회 같은 역할로 조합에 법적인 영향을 주는 의사결정권을 가지고 있지 않은 자문기구라는 의미에서 이 책에서는 사회위원회로 번역하였다. 몬드라곤에서 사회위원회의 의장은 이사장이 겸한다.

** 그런 일이 발생하면 사회위원은 그 문제에 대한 조사 보고 내지 의견서를 작성하여 이사장에게 문서로 보고한다.

고도 함)*가 조정을 할 때도 있지만 전반적인 전략은 부문별로 자율적으로 운영한다. 산업 부문은 다시 산업별로 12개의 세부 부문$^{sub\ division}$으로 나뉘어져 있다.

그룹 전체적인 구조를 보면, 부문에 따라 명칭이 달라지기도 하지만 개별 협동조합의 구조가 그대로 적용된다.

- 회원 협동조합들의 총회는 협동조합 총회가 된다. 이 기구는 그룹을 대표하며 최고 주권을 가진 기관이다. 이는 모든 소속된 회원 협동조합을 대표하는 대표의원^{Congressmen} 650명으로 구성되며, 여기서의 결정은 그룹 전체에 영향을 준다.
- 그룹 이사회는 상임위원회$^{standing\ committee}$라고 한다. 상임위원회는 총회에서 채택된 정책 및 합의사항의 실행을 촉진 및 감독할 책임이 있으며, 그룹의 사업 발전과 집행기구의 경영을 지속적으로 감독한다. 전체 위원 수는 18명인데 각 부문을 대표하는 위원들로 구성된다.
- 그룹의 회장은 집행위원회$^{general\ council}$(개별 협동조합의 경영기구와 같은 조직)의 위원장을 겸한다. 이 위원회는 위원장, 각 부문의 부이사장들 및 그룹본부의 경영진으로 구성된다. 이 위원회는 경영 전략 및 목표의 기획, 조정 및 실행에 대해 책임을 지는 기구다.

---

* 구조와 예산에 대하여는 미주 7 참조

2009년의 평균 임직원 수는 85,322명*이다.

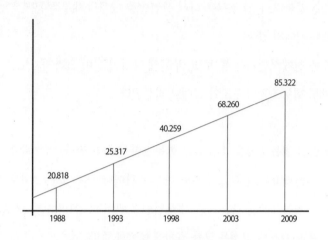

도표 2 : 몬드라곤 그룹의 고용 추이(자료 : 저자)

2009년 말 현재 4개 부문별 임직원 수의 분포는 다음과 같다.

- 금융 : 3.1%
- 산업 : 44.0%
- 유통 : 51.8%
- 지식 : 1.1%

---

*   2015년 말 현재는 74,335명이다.

2009년 말 현재 회사 수는 256개사이며, 그중 73개는 해외에 있는 생산 자회사이다.

법인 형태별 구성은 다음과 같다.

- 협동조합 : 106
- 자회사(주식회사) : 129
- 상호회사 : 1
- 재단법인 : 2
- 운영기관*: 8
- 국제 서비스 조직**: 10

각 부문 협동조합들의 사업 세부 분야 및 시장에서 잘 알려진 브랜드를 보면 다음과 같다.

1. 금융 부문은 은행업, 사회보장사업 및 보험업을 하고 있다. 대표적인 상호는 노동인민금고$^{\text{Caja Laboral Popular}}$***와 라군 아로다.

---

* Entities of Coverage: 이는 다른 협동조합들을 지원하는 협동조합의 형태로, 예를 들면 몬드라곤 대학교의 경우 4개의 단과대학 협동조합으로 구성되어 있는데, 몬드라곤 대학교는 이들을 모아 운영하는 협동조합이 된다. 그렇지만 실제로 몬드라곤 대학교를 구성하는 개별 조합원들은 없는 조합인 것이다.

** International Services:개별 협동조합들의 자회사가 없는 국가에 있는, 그룹에서 파견한 해외 주재원 조직을 의미한다.

*** 노동인민금고의 변천사에 관해서는 미주 2 참조.

2. 유통 부문은 상품 유통과 농산물 유통을 함께 하고 있다. 대표 브랜드는 에로스키다.

3. 지식 부문에는 대학교 한 곳과 12개의 기술연구소 및 다수의 직업훈련 및 교육 센터들이 속해 있다. 가장 유명한 것은 몬드라곤 대학교, 이켈란, 이데코다.

4. 산업 부문은 12개의 세부 부문으로 구성된다. 소비재, 자본재, 산업부품, 건설 및 경영 서비스 5개 산업 분야에서 제품 및 서비스를 생산하고 있다. 소속된 회사 수는 182개사인데 그 규모는 다음과 같다.

   • 노동자가 1,000명 이상인 회사가 4개사
   • 대부분의 회사는 노동자 수가 평균 100에서 500명 사이임
   • 노동자가 100명 이하인 회사가 30여 개사

이들이 목표를 두고 있는 시장은 세계시장이며 많은 협동조합들은 자기 분야의 주요 다국적 기업들과 거래하고 있다. 이렇게 세부 부문들로 구성된 것은 몬드라곤 모델의 특징 가운데 하나인데, 12개 세부 부문들의 제품 및 서비스 유형을 간략히 살펴보면 다음과 같다.

① **건설** : 조물, 교량, 빌딩 건축을 하며 우르사Urssa라는 브랜드로 유명하다.

② **엘리베이터 및 에스컬레이터** : 오로나^{Orona}로 알려져 있다.

③ **설비** : 스포츠 및 레저 장비 및 위생 설비. 디카르-윈그룹$^{Dikar-Wingroup}$과 오르베아^{Orbea}, 외아르소^{Oiarso}가 알려져 있다.

④ **가정용품** : 백색가전 전 분야, 부엌가구, 소형 가전제품 및 전기 난방기구, 가정용 가구. 알려진 브랜드는 파고르, 에두사^{Edussa}, 브란트^{Brandt}, 가이저 가스텍$^{Geyser-Gastech}$, 다노나^{Danona}, 코인마^{Coinma} 등이다.

⑤ **공작기계** : 그라인더, 전기톱 및 선반, 철도 및 풍력 에너지 기계장치를 위한 자동·로봇 시스템, 항공용 그라인더 분야로, 주요 회사는 사라루세 다노밧 그룹$^{Saraluce\ Danobat\ Group}$이다.

⑥ **산업 자동화 설비** : 수치제어, 인코더, 생산 조종패널 및 변형 프레스용 공작기계. 파고르 오토메이션$^{Fagor\ Automation}$, 몬드라곤 어셈블리$^{Mondragón\ Assembly}$, 파고르 아라사테$^{Fagor\ Arrasate}$ 및 오나 프레스$^{Ona\ Press}$ 등의 회사가 있다.

⑦ **자동차 섀시 및 엔진** : 자동차산업용 알루미늄 부품 브랜드는 마이에르^{Maier}와 맙사^{Mapsa}다.

⑧ **자동차 CM** : 자동차용 알루미늄 및 고무 부품 브랜드는 파고르 에델란$^{Fagor\ Ederlan}$과 치카우초^{Cikautxo}다.

⑨ **부품** : 반도체, 홈 오토메이션, 무선통신, 요리설비용 온도조절기 및 부품. 브랜드는 파고르 전자, 코프레시^{Copreci}, 오르클리^{Orkli}, 에이카^{Eika}다.

⑩ **엔지니어링 및 서비스** : 전문 서비스, 빌딩 관리, 컨설팅, 엔지니어링, 물류, 그래픽 아트 및 교육 서비스는 LKS, 온도안[Ondoan], MCC 그래픽스[MCC Graphics], 알레코프이다.

⑪ **설비 및 시스템** : 자동차용 다이캐스트, 모듈 및 공구로, 회사는 바츠[Batz]와 마트리시[Matrici]이다.

⑫ **산업 시스템** : 포장기계, 철 구조물, 조립식 건축, 플랜지 등으로 울마[ULMA]가 유명하다.

2

유럽품질경영재단(EFQM) 기준에 따른 성공열쇠 선정

누구라도 내게 진리를 말해달라고 하면 나는 안 된다고 답하겠다.
다만, 진리를 볼 수 있는 곳으로 데려다 줄 수는 있다.
– 오르테가 가세트(스페인 철학자)

머리말에서 말한 목적을 이루기 위해서는, 다시 말해 몬드라곤 같은 협동조합이든 아니면 지구상에 있는 어떤 다른 형태의 법인이든 간에, 모든 종류의 기업에 적용할 수 있는 보편적인 경영의 열쇠를 찾는 방안으로는 두 가지가 있다.

1. 일반적인 기업 경제에 보편적인 적절한 지표를 사용하되, 사회적 경제에 대해서는 별도의 지표를 사용하기
2. 보편적인 기업 경제 분야에서 널리 사용되는 표준적인 지표 사용하기

우리는 두 번째 방안을 선택했는데, 우리 견해로는 그것이 이 책 독자인 대부분의 경제 주체들이 좀 더 객관적이고 쉽게 이해할 수 있는 방안이라 생각했기 때문이다. 이에 적합한 우수한 경영 지표 모델로는 서로 비슷한 두 개가 있다.

- **유럽** : EFQM(European Foundation of Quality Management)[*]
- **미국** : MBNQA(Malcolm Baldrige National Quality Award)

---

[*]   유럽품질경영재단(이하 EFQM)은 1989년에 브뤼셀에 본부를 두고 설립된 비영리 재단으로, 유럽 경제의 경쟁력을 강화하기 위하여 설립되었다. EFQM의 설립 동기는 미국에서 데밍이 이룬 업적과 종합품질관리(Total Quality Management, TQM) 개념의 발전에 자극을 받은 것이다. 설립 후 여러 분야의 전문가들과 대학들과 공동작업을 통하여 1992년 EFQM 우수경영 모델(Excellence Model)을 발표했는데, 이 모델이 유럽의 대표적 품질대상인 유럽품질대상의 평가 틀이 되고 있다.

두 가지 모두 체계적인 기본 개념들에 입각하여 있으며, 이를 활용하면 어떤 상황에서든 조직의 경쟁력을 높이는 데 유용하게 사용할 수 있다.

EFQM	MBNQA
1. 성과 지향	1. 리더십
2. 고객 지향	2. 전략적 기획
3. 리더십 및 응집력	3. 고객 지향성 및 시장
4. 프로세스와 사실에 입각한 경영	4. 측정 및 분석, 지식경영
5. 인간개발과 참여	5. 사람 지향성
6. 지속적인 학습, 혁신 및 개선	6. 프로세스 경영
7. 연대의 개발	7. 성과
8. 사회적 책임	

몬드라곤이 유럽에 있는 기업이고, 또 그래서 소속 기업들이 EFQM에 좀 더 익숙하기 때문에 우리는 EFQM의 기준에 따라 이 책을 구성했다. 그렇지만 이 책의 정신을 드러내기 위해서 그 순서를 조금 바꾸어 리더십, 사회적 책임, 인간개발과 참여, 이 세 개념을 앞부분에 두었다.

또한 EFQM 모델에서 기준이 되는 각 개념별로 네 가지씩의 열쇠를 선정하였다. 이 열쇠들은 현역에 있거나 은퇴한, 협동조합을 대표할 만한 분들의 견해가 반영된 것으로, 이렇게 선정된 열쇠들이기에 충분히 받아들여질 만하다고 믿는다.

그러나 일부 협동조합원들이나 사회적 경제 분야 학자들이 보기에 어떤 열쇠들은 부차적이라고 여겨질 수도 있고 혹은 더 중요한 것이 빠졌다고 생각될 수 있음도 인정한다. 또 어떤 것은 개념의 전개가 다른 것에 비해 너무 광범위해서 서로 균형이 맞지 않는다고 여겨질 수도 있다. 그러한 점들을 우리도 알지만, 이것이 몬드라곤 협동조합 기업 그룹의 체계를 감안한 우리의 선택이었다고 말하고 싶다.

사회적 경제 분야의 학자들이나 연구자들 입장에서 보면 가장 성공적인 협동조합에 대한 분석은 사회학적 관점에서 이루어져야 마땅하다고 생각할 수도 있다. 그렇지만 우리는 경영이 먼저이고, 그 다음에 협동조합이라고 생각한다.

경영학 분야의 학자라면 우수 기업의 성공요인을 이야기하는 거라면 '성과 지향'이 맨 처음에 나와야 하는 것 아니냐고 할 수도 있을 것이다.

이런 제안이 일리가 있음을 인정하지만, 우리는 헨리 민츠버그의 견해를 따르고 싶다. 그에 따르면, 기업의 성공은 주주들에게 제공되는 주가나 분기 이익 같은 숫자만으로 측정할 것이 아니라, 중기 내지 장기적인 시야를 가지고 그 기업이 섬기고자 하는 커뮤니티에도 비슷한 비중을 두고 측정해야 한다.

3 | 몬드라곤 성공의 32가지 열쇠

리더십과 응집력

주님, 저에게 제가 바꿀 수 있는 것은
변화시킬 수 있는 힘을 주시고,
제가 바꿀 수 없는 것은 받아들일 인내를 주시고,
그리고 그 두 가지를 분별할 수 있는 지혜를 주소서.

− 아시시의 성 프란치스코(12세기 프란치스코 수도회의 창설자)

1

호세 마리아 신부의 리더십

이 책 맨 뒤의 참고문헌 목록에 나오는 호세 마리아 아리스멘디아리에타* 신부의 삶과 업적에 대한 자료들은 그의 제자이며 협동조합의 초기 창업자들인 호세 마리아 오르마에체아, 알폰소 고로뇨고이티아Alfonso Gorroñogoitia, 헤수스 라라냐가Jesús Larrañaga가 수집한 것들이다. 그의 전체적인 사상은 철학자인 호세 아수르멘디가, 그의 종교 사상은 이냐시오 텔레체아 신부가, 그리고 그의 전기는 역사가인 안토니오 몰리나가 정리하였다.

이 책에서는 호세 마리아 신부에 대해 다섯 부분(삶, 일하는 방식, 영성, 사상, 리더십)으로 나누어 아주 간단하게 요약하여 이야기하겠다.

삶

호세 마리아 신부는 마르키나 이투르베Markina Iturbe의 소박한 마을에서 1915년에 태어났다. 4형제의 장남으로 태어나서 열두 살에 신학교

---

* 현재 바티칸에 시성 청원(가톨릭에서 성인으로 인정해 달라고 청원하는 것)과정 중에 있으며, 1차적으로 2016년에 우선 가경자(可敬者)로 선포되었다. 복자를 거쳐 성인으로까지 될지는 아직 알 수 없다.

에 들어가 호세 미구엘 바란디아란과 마누엘 레쿠오나 같은 선생님들에게 배웠는데, 이분들은 신부이면서 20세기 바스크 문화에 대한 연구로 저명한 분들이었다. 1940년에 사제로 서품되었다. 그리고 벨기에의 루벵 대학교에 진학해서 사회학 공부를 더 하고 싶었지만, 교구에서 몬드라곤의 성 요한 세례자 성당으로 발령받았다.

전쟁*이 끝난 직후라 마을은 파괴되고 분열되었다. 호세 마리아 신부는 청소년들을 위한 직업기술학교를 열었다. 이 직업기술학교는 몬드라곤 계곡에서 가장 큰 회사인 세라헤라 유니언의 도제학교와 비슷했는데, 세라헤라 유니언의 도제학교에서는 그 회사 노동자들의 자녀들만 배울 수 있었다.

호세 마리아 신부는 전 생애를 몬드라곤 지역에서 보냈으며 단순, 절제, 검소한 삶을 살았다. 그리고 건강이 별로 좋지 않았으며 1976년에 심장병으로 돌아가셨다.

그는 항상 스스로 본당 신부를 자처했고, 협동조합에서 돈 한 푼도 또 어떤 직위도 받지 않았으며, 기술전문학교에 작은 사무실 하나만을 두었을 뿐이다. 그는 자전거를 타고 다니곤 했는데, 첫 번째 협동조합이 경제적으로 성공한 뒤에 초기 창업자들이 그가 심장병으로 건강이 좋지 않은 것을 고려해서 자동차를 사드리려고 하였다. 그러나 그는 거절하며 말하길 "모든 노동자들이 자동차를 굴리게 된다면 그럼 나

---

* 1936년 7월부터 1939년 4월까지 있었던 스페인 내전을 말한다.

도 한번 생각해보지."라고 하였다.

2001년 기푸스코아^{Gipuzkoa}* 상공회의소는 20세기의 10대 기업가로 초기 창업자 가운데 한 명인 오르마에체아 회장과 함께 호세 마리아 신부를 꼽았다.

일하는 방식

새롭고 독창적인 협동조합 창업은 거의 모두 그의 아이디어에서 나왔다. 그는 매우 창의적이고 타고난 기업가였는데, 새로운 프로젝트의 시작에서 성공에 이르기까지 도움을 아끼지 않았다. 저명한 경영학자 피터 드러커는 "어떤 사업이 성공했다면, 어떤 사람이 과거에 용감한 결정을 한 것이다."라고 하였다. 그러나 호세 마리아 신부는 협동조합 창업의 실행과 완성에 직접 개입하지는 않고, 제자들이 그 일을 하도록 하였다. 그는 커뮤니티 활동을 결코 혼자 하려 하지 않았고 언제나 단결을 추구하였다. 사람들은 프로젝트를 구심점으로 뭉칠 수 있었다.

또한 단순히 가르치는 것을 넘어서 삶의 길잡이 역할을 하였다. 가르치는 활동을 통해 학생들에게 자기 직업을 개발할 수 있게 해주는 동시에 삶의 방식을 세워나갈 능력을 갖게 해주었고, 사회적 혁신을 이루어내는 능력도 보여주었다. 협동조합으로 사회적 헌신을 하며 살고 고민하는 방법을 가르침으로써 사회적 삶의 촉진자가 되었다.

---

*   바스크 자치지역의 3개 주 가운데 하나로 몬드라곤이 이 주에 속해 있다.

영성

1955년 이래 본당에서 함께 일한 동료였으며, 호세 마리아 신부가 돌아가시기 전 병원에 계실 때 함께했던 친구인 하비에르 에체베리아 신부는 그의 영성에 눈에 띄는 세 단계가 있다고 본다.

첫째 단계인 어린 시절과 청소년기에는 가정생활에서 그의 어머니에 의해 영성이 길러졌다.

둘째 단계인 신학교 시절과 몬드라곤에서의 초기 시절은 예배와 기도에 중점을 둔 단계다. 이 단계는 텔레체아 신부가 쓴《호세 마리아 신부의 다른 모습》이라는 책에 자세히 나온다. 이 책에서 헤수스 산 미구엘 씨가 그분의 정신적인 모습을 탁월하게 묘사하고 있는데, "늘 사제이고, 모두에게 사제이며, 오직 사제였다."라고 했다.

셋째 단계는 첫 번째 협동조합의 설립과 함께 시작되는데, 이제 영성은 사람에 대한 존중을 통해서 삶에 더 가까워진다. 이때에는 스위스 신학자인 한스 큉*이나 프랑스 신학자인 테야르 드 샤르댕** 등의 영향을 받았다. 호세 마리아 신부는 "세상에 대한 하느님의 뜻은 인간에 있으며 인간은 하느님의 뜻이다."라고 말하곤 했다. 앞서 말한 책 161쪽

---

*   가톨릭 사제이며 신학자인 한스 큉(1928~)은 현재 튀빙겐 대학의 명예교수이다. 1960년대 초 제2차 바티칸 공의회 때 전문위원으로 활동하였으며, 바티칸과 갈등을 빚기도 했다. 교회일치신학 분야의 전문가로, 《교회란 무엇인가》《왜 그리스도인인가》 등의 책을 썼다.

** 가톨릭 사제이자 지질학자인 테야르 드 샤르댕(1881~1955)은 물질과 정신과학과 신앙이 따로 있는 것이 아님을 밝히는 데에 평생을 바친 과학자이자 신학자다. 진화론적 인간관과 우주적 그리스도론, 과학적으로 추론된 하느님에 관한 사상을 종합한 신학이론을 주장하였다.

에는 이런 말이 나온다. "그리스도인의 헌신이란 자선행위나 말로 하는 사랑 혹은 불필요한 압박감에서 억지로 하는 것을 넘어서는 것이다. 하느님은 사랑이시다. 사랑을 실천하는 것이 신앙이다. 사랑은 정의, 연대, 공정과 자유에서 잘 드러난다."

사상

그는 훌륭한 재능과 창조성을 타고났으며, 결과가 증명하는 바대로 어떤 어려움에도 뜻을 굽히지 않고 비전을 보여주었다. 게다가 일에 대한 그의 규율을 살펴보면, 그의 사상은 그의 사목 환경과 시대 상황을 초월해서 '존재'보다는 '실천'에 기초하고 있었다고 말할 수 있을 것이다.

그는 대단한 독서가로서 당대의 세계적인 인문학 이론가들의 이론들을 잘 알고 있었다. 그가 관심을 기울인 것은 주로 프랑스의 그리스도교 철학자나 사회 이슈 전문가들, 에마뉘엘 무니에*, 자크 마리탱** 등의 이론이었다. 그렇지만 그는 "삶을 통해서도 책을 통해서만큼 배

---

* 프랑스의 철학자인 에마뉘엘 부니에(1905~1950)는 인격주의를 표방하였다. 개인이지만 공동체적 요소가 함축된 인격으로서의 개인을 주장하였고, 인간은 육체이면서 동시에 정신이라고 주장하여 데카르트의 이성주의를 비판했으며, 인간은 육체가 있으므로 타자와 연결되어 있고 전체 공동체와 연결되어 있다고 하였다. 그의 인격주의 명제는 "나는 사랑한다. 그러므로 나는 존재한다. 그래서 존재와 삶은 가치가 있다."로 요약할 수 있는데, 타자에 대한 존중이 바로 사랑이었다. 그의 사랑은 유럽공동체 형성에 커다란 영향을 주었다고 한다.

** 자크 마리탱(1882~1973)은 새로운 토마스 아퀴나스주의 프랑스 철학자로, 가톨릭의 '통합적 휴머니즘'으로 현대의 위기를 벗어날 것을 주장하였다.

운다."는 생각으로 스스로 연구를 하였다.

그는 사목생활을 하는 25년 동안 사목 직무를 사회활동과 결합하였다. "사회 현실에 대해 아무것도 하지 않는다면, 도대체 무엇이 복음이란 말인가?" 이런 생각에 따라서 그는 직업기술학교와 가톨릭 청년단체를 통해서 청소년들에게 스스로 사회 행동의 모범을 보였다.

그는 책을 쓴 적은 없지만, 글은 자주 썼다. 그가 쓴 글들은 논문집 같은 형태로 13권에 걸쳐 정리되었는데, 그 내용은 그가 1960년 창간한 〈노동과 단결〉이라는 잡지의 표지 기사, 협동조합들의 연차보고서, 강연이나 학회의 발표문 및 홍보물에 실렸던 글들이다.

협동조합이 출범하면서 드러난 호세 마리아 신부의 사상의 핵심은 그가 항상 "협동조합 경험"이라고 말한 데에 잘 반영되어 있다. 요약하면 역동적이고, 끊임없이 만들어가고, 모든 상황에 융통성 있게 적응하고, 언제나 그의 가장 깊은 확신인 인간적이고 그리스도교적인 연대의 축에 기초하고 있었다.

사람의 존엄성을 옹호하여 "우리는 커뮤니티 안에 살고, 무산자(프롤레타리아)의 마을이 아닌 사람들의 마을에 사는 것이다."라고 했다.

기업가정신에 대한 그의 사상은 다음에 잘 나타난다.

"좋은 아이디어란 현실이 되는 아이디어다."

"경제 혁명은 도덕적일 수도 있고 그렇지 않을 수도 있다. 도덕 혁명은 경제적이거나 그렇지 않을 수도 있다."

"가능한 대로 선을 행하는 것이 이상적인 것이다. 선을 꿈만 꾸는 것이 아니라."

어떤 글에서 그는 이렇게 말하였다. "우리가 꼭 하고 싶은 말은, 실행할 수 있는 사람이 곧 나라를 만들 사람이라는 것이다." 그는 자신의 정치적 입장이나 생각을 드러내는 말이나 글은 한 번도 밝힌 적이 없다. 그는 늘 "사상은 사람들을 흩어지게 하고, 필요는 뭉치게 한다."라고 말하곤 했다. 협동조합의 경영자들이 정치에 관여하지 않기를 원했고 능력주의를 지지했으며*, 연고주의와 배타성을 반대했다.

그의 주요한 사명은 협동조합을 발전시키는 것이었는데, "아무리 잘되고 있더라도 현재에 만족하지 말고 더 나은 미래를 추구해야 한다."고 동료들을 북돋았다. 왜냐하면 "세상은 바라보라고 주어진 게 아니라 변화시키라고 주어진 것"인데, "노동은 하느님에게서 내려진 벌이 아니라, 인간을 하느님의 협력자로 만들고자 하느님에게서 인간에게 주어진 신뢰심 시험"이기 때문이다. 인간의 삶과 노동의 기초를 형성하는 것은 이와 같은 인간의 근면함인 것이다.

---

* 능력주의를 지지했다는 말의 의미는 현대 자본주의 사회에서 능력 있는 자가 성공하고 독식하는 것을 지지한다는 의미와는 전혀 다르다. 사실 현대 사회에서는 실제로 능력을 발휘한 것 이상의 기득권을 배타적으로 차지하여 부익부빈익빈 현상이 나타나고 있다. 호세 마리아 신부의 뜻은 실제로 경영능력을 지닌 리더가 더 많은 역할을 조합에서 수행하고 기여하도록 해야 한다는 의미이며, 능력자가 이웃을 위해 봉사하는 자세와 정신으로 희생하기를 요구하였다. 그리하여 평등한 사회를 지향한 것이다. 창업자 다섯 명은 그런 기준으로 선발된 것이다. 동시에 능력주의가 불평등을 불러일으킬 가능성을 제도적으로 차단하기 위해 급여연대 제도(급여 제한), 입후보자 없는 선거 제도 등을 시행하여 문화로 정착하였던 것이다.

그가 지닌 사상의 핵심을 다섯 가지로 요약하면 다음과 같다.

- **사람** : 가장 중요한 성공의 결정요소는 사람이다. 기술은 못쓰게 되고, 설비도 낡으며, 제품도 구식이 된다.
- **단결** : 협동의 미덕은 공동의 공유 프로젝트에 손발과 생각과 마음을 모으는 데 있다.
- **노동** : 노동은 자연에, 그리고 신앙인으로서 하느님의 일에 적극적으로 기여하는 것으로, 인간 개개인이 우주에 자기 흔적을 남기는 것이다.
- **훈련** : 지식이라고 해서 시간이 가도 결코 사라지지 않는 것은 아니다. 무지한 상태로는 어떤 사람도 자유를 얻을 수 없고 자기 운명을 통제할 능력을 가질 수도 없다. "훈련은 인간의 첫 번째 동료이다."
- **자율성** : 각자는 자기 운명을 다스리는 자이며 자기 삶의 주인이며 영웅이다 : "Nor norberaren buruaren jabe*(자기를 소유한 자)." 다른 사람에게 의존적으로 산다면, 결코 연대할 수도 진정 자유로울 수도 없다.

호세 마리아 신부는 협동조합 원칙들이 사회정의에 기초하고 있으

---

* 　바스크어임.

며, 모든 종교와 신조에 연결되어 있어 보편적인 것이라는 점을 알고 있었다. 그는 1960년대에 일어난 교회의 변화*와 1970년대 신앙의 위기**를 겪었다. 그래서 다른 사람들과 협동하여 일할 때에 그저 신을 믿는 사람들하고만 한 것은 아니었다. 그는 종교에 무관하게, 유신론자이든 무신론자이든 모든 사람과 연대할 수 있다고 생각했다.

리더십

먼저 호세 마리아 신부의 정의에 따른 리더는 어떤 사람인지 보자.

> "노동자들은 생각이 분명하다. 노동자들은 자기 자신을 논란의
> 여지가 없는 독보적인 리더라고 여기는 사람, 혹은 관계있는 다
> 른 간부들에 의해 그런 리더라고 주장되는 사람들을 좋아하지 않
> 는다."

그는 한시도 자기를 리더로 여기지 않았고, 남들이 리더로 느낄 만한 과장된 행동을 하지도 않았다.

호세 마리아 신부가 지닌 리더십의 특징으로 다음을 들 수 있다.

---

* 이는 1962년부터 1965년까지 바티칸에서 열린 로마 가톨릭 교회의 제2차 바티칸 공의회와 그것이 가져온 변화를 의미하는데, 로마 가톨릭 교회가 장차 앞으로 나아갈 길을 제시하고 교회를 사회의 변화에 맞추어 현대적으로 개혁하고자 하는 것이 이 공의회의 목적이었다.

** 아마도 서구 사회의 세속화가 급속히 진행되면서 신자들이 교회에서 점점 이탈해가던 현상을 가리키는 듯하다.

1. 일에 대한 정신은 객관적으로도 열정적이었다. 일에서 얻은 첫 번째 열매는 만족감이었다. 그는 영성의 깊이가 있는 사제였으며, 희생정신, 노력, 헌신성, 감동을 주는 사제였다. 그는 하루에 14시간씩 사목활동에 열정적으로 헌신하는 사람이었다. 사목활동에서 영성의 힘이 뿜어져 나왔으며 이는 사회적 열망으로 뻗어나갔다. 그의 삶은 정말로 모범적이고 훌륭하였다.

2. 그는 남다른 재능으로 새로운 활동들을 성공적으로 이루어냈다. 교육, 산업, 금융, 유통, 공제 및 연구 등 그가 도우려고 했던 모든 사업 분야에서 회사들은 해마다 더 좋은 성과를 얻었고, 그 실적은 그가 생각해낸 아이디어가 옳음을 증명하였다.

3. 자연스럽게 정의감이 드러났다. 그의 동료들은 모두 자신들이 호세 마리아 신부를 존경으로 대하듯이, 그도 그들을 존중하고 있음을 느낄 수 있었다.

4. 그는 전 생애에 걸쳐 일어난 모든 사건들에 대하여 긍정적인 태도를 보였다. 때로는 오해를 받을 때도 있었고 정부 및 사법당국에 의해 고소를 당한 적도 있으며, 사랑하는 사람들로부터 이해받지 못하는 경험을 하기도 했다. 그럴 때마다 그는 성직자다운 면과 다양한 사건들의 긍정적인 측면을 보는 능력을 발휘해 좀 더 폭넓은 시야로 사건들을 바라봄으로써, 어쩔 수 없이 맞닥뜨리게 되는 실패와 사건들을 극복해내는 분별력을 보여주었다.

5. 정말이지 절제가 있었다. 영양이 부족하지 않을 만큼만 먹고, 담

배도 피우지 않고, 술은 식사 때 와인 한 잔 정도만 마셨다. 여행을 위해 차가 필요할 때에도 차를 쓰게 해달라고 하는 일이 없었다. 정말 말 그대로 그는 항상 가난하게 살았다.

6. 어떤 메시지를 전할 때에는 몸소 모범을 보였다. 대중 강연에는 재주가 없고 강론이나 연설을 잘하는 사람이 아니었기 때문이다. 그의 글을 보면 문장이 어려웠다. 말로 하는 의사소통을 아주 어려워했고, 알아들을 수 있게 말하려면 모든 강론들을 미리 써놓아야만 했다.

7. 협동조합 그룹에서 일어난 모든 일에 대하여 도덕적 책임을 감수하였다. 한 예로, 그가 발간하던 잡지 〈노동과 단결〉 1965년 발행분에 '바스크 국가Euskal Herria*'라는 단어가 나왔는데, 공식적으로 그 잡지의 발행인은 기술전문학교의 교장이었지만 프랑코 독재시대에 법원의 호출에 따라 법정에 간 사람은 호세 마리아 신부였다. 당시에 그런 단어는 금지어였는데 사설에 그것을 쓴 사람이 그였던 것이다.

8. 그는 미래에 대한 감각이 있었다. 그가 잘하는 것은 다가올 일에

---

*   Euskal Herria는 바스크어이고 영어로는 Basque Country이다. 이 당시는 프랑코 독재치하로서, 프랑코 총통의 정부는 바스크의 분리 독립운동을 강하게 탄압하고 바스크어의 사용도 금지하였기 때문에 바스크 국가라는 표현도 용납될 수 없었다. 프랑코 사후 1979년 바스크는 독자적인 총리를 둔 자치정부 아래 있게 되었으며, 외교와 군사를 제외하고는 많은 분야에서 독립국가처럼 운영되고 있다.(예를 들면 협동조합 관련법도 스페인법이 적용되는 것이 아니라 바스크의 독자적인 협동조합법을 가지고 있으며, 경찰도 바스크 자체 경찰이다.)

대한 적절한 감각을 지니는 것이었다. 장기적 관점에서 적시에 일을 벌이는 것. 그래서 초기 창업자들이 감히 생각지 못했던 새로운 일들을 벌이곤 하였다.

9. 그의 가르침은 자신의 모범에 뿌리를 두고 있었다. 그는 모범이야말로 도덕적 권위를 누리는 가장 좋은 방법이며 주위를 비추는 원천이 될 수 있다고 믿었다. 그가 보여준 모범은 불굴의 정신과 분별력, 진지한 삶에 바탕을 두고 있었으며, 다른 사람에 대한 존중을 담은 애정이 있어야만 가능한 것이었다.

10. 그의 리더십은 변화를 불러일으키는 리더십이었다. 그는 초기 창업자들의 역량을 알고 있었기에 그들에게 이렇게 말하였다. "여러분에게는 여러분이 상상하는 것 이상을 해낼 역량이 있습니다." 그들은 자기들이 사장이나 이사회 구성원이 될 수 있다는 생각은 하지 못했다. 그런 일은 자기들의 역량 밖이라고 생각했다. 그런데 부모들이 다니던, 종업원 수 1,100명의 상장기업인 세라헤라 유니언의 도제학교 출신들이 나중에 7만 명이 일하는 조직의 사장이 된 것이다. 그렇게 될 거라고 누군가 말했더라도 아무도 믿지 않았을 것이다. 말하자면, 그가 "여러분은 더한 일도 할 수 있어요, 더 큰일도."라고 이야기했을 때, 변화의 리더십이 일어난 것이다. 물론 그가 그렇게 말했을 때 그는 그렇게 되리라는 확신이 있었다.

마찬가지의 의미로, 미시간 대학의 유명한 교수인 프라할라드[CK]

Prahalads*는 "리더십이란 남들을 바꾸는 것이 아니라, 주어진 목표를 달성할 수 있도록 솔선수범을 해서 남들에게 영감을 주는 것이다." 라고 하였다.

2

창업자들에게 심어진 호세 마리아 신부의 영향력

창업자들은 "호세 마리아 신부님은 우리의 이상형이고 원형이다. 그의 가르침, 특히 본보기를 우리는 온몸으로 마시고 배웠다. 우리는 그의 상속자다. 그에게는 스파르타 같은 엄격함이 있었다."라고 자주 말하곤 했다.

그의 가르침은 비공식적으로, 수시로 메시지를 전함으로써 이루어졌다. 그는 사람들에게 더 착하고 일을 더 잘하고 더 행복해질 것을 요구했다. 매일 매일 마주하는 사건의 현장들이 마치 강론장 같았는데, 거리에서도 사람들과 이야기를 나누고 말이나 글로도 자신의 뜻을 밝혀 영원한 스승으로 여겨졌다. 그의 메시지는 항상 선, 실천, 연대, 절

---

* 미국 미시간 대학교 경영대학원의 경영전략 교수로 인도 출신이다.

제에 관한 것이었다. 그가 학생과 제자들에게 끼친 영향은 두 가지로 요약할 수 있다.

1. 그의 가르침을 통해서인데, 그가 1943년에 기술직업학교를 설립한 이후부터 그의 제자들이 첫 번째 협동조합을 설립한 1956년까지의 기간이 이에 해당한다. 그를 따르는 젊은이들은 그의 그리스도교적 도덕의 모범과 일하는 능력을 자기 삶의 원칙으로 받아들였다.

세라헤라 유니언에서 일했던 초기 졸업생들 중 아주 우수한 학생들은 심사를 거쳐 무료로 사라고사 대학교 야간 과정에서 기계, 화학 및 전기 공학을 전공할 수 있었다.* 그들이 대학을 졸업하자 호세 마리아 신부는 그들 중 다섯 명에게 사회정의에 대한 욕구를 실현하기에 가장 적합한 새로운 회사의 설립을 추진하도록 용기를 북돋웠다.

당시에 세라헤라 유니언 안에서 노동자들의 노동조건을 개선하기 위한 모든 도전이 실패로 끝나자, 기존 기업의 구조를 바꾸려고 노력하기보다는 새로운 구조를 만드는 것이 더 현실적이라고 결론짓게 되었던 것이다.

다섯 명의 젊은이들은 당시로서 그들이 택할 수 있었던 최고의 직장을 그만두었다. 그들 중 일부는 결혼을 한 상태였고, 또 가족을 부양할 책임이 있었다는 점에 유념하자. 예를 들면, 오르마에체아는 이미

---

* 이들은 이 지역에서 노동자의 자녀로서는 처음으로 대학에 진학한 학생들이었다.

18년* 근속을 하여 200명의 노동자가 일하는 주물사업부의 책임자였다. 다른 창업자들도 세라헤라 유니언에서 비슷한 경력을 쌓아서 충분히 안정적인 일자리를 누릴 수 있었지만, 호세 마리아 신부는 그들에게 더 큰 책임을 가지고 일하기를 요구하였다.

2. 일단 첫 번째 회사를 설립하고 나자, 손익계산서의 숫자들이 중요했다. 그들이 보여준 리더십과 도덕적 권위는 확고했고, 처음 만든 제조협동조합은 아주 성공적이었다.

솔직하게 말해서, 1950년대와 1960년대는 산업재나 소비재가 매우 귀했기 때문에 새로운 회사를 설립하고 시작하기가 쉬웠다고 해야 할 것이다. 그래서 초기 협동조합들 중 제조협동조합들은 대부분 훌륭한 실적을 거두었다.

호세 마리아 신부는 금융의 지원 없이는 기업이 성장할 수 없다는 탁월한 통찰력으로 노동인민금고의 설립을 추진했는데, 그때 그는 혼자서 새로운 법인의 정관을 기초하고 설립 문서를 만들어서 제조업 사업과 신제품 개발에 빠져 있던 제자들을 대신해 서명을 하기까지 했다.

당시에 화학 엔지니어로서 울고의 사장이었던 오르마에체아는 "우리 함께 은행을 설립해야겠어."라는 호세 마리아 신부의 말을 듣고 너무나 깜짝 놀라서 부정적으로 대답했다고 한다. 그런데 얼마 지나지

---

* 그 시절에는 10대 중반에 일을 시작했기 때문에 젊은 나이에도 경력이 길었다.

않아 호세 마리아 신부는 그에게 은행의 대표직을 맡아야 한다고 말했단다. 사실 그때 그는 차변, 대변도 구별할 줄 몰랐다.

이런 일은 호세 마리아 신부에게 도덕적 권위가 있었기에 가능한 것이었는데, 이는 '그가 하는 일이라면 무엇이든 다 옳다'라는 데서 나오는 것이었다. 이 일이 있었을 때 오르마에체아의 부인은 오르마에체아에게, 어떻게 3년 동안에 두 번이나 좋고 안정적인 직장에서 신설회사로 옮기냐고 말했다고 한다. 안정궤도에 접어들었고 종업원이 220명이나 되는 회사의 사장으로 있다가 직원이라고는 조수 한 명뿐인 금융사무소를 시작하기 위해 레수타^{Resusta}로 갔으니 말이다.

호세 마리아 신부에게는 노동인민금고가 주력 기업 가운데 하나였다. 왜냐하면 거기서 조성한 자금으로 새로운 프로젝트들을 추진할 여유를 확보할 수 있기 때문이었다. 그래서 그는 창업자 다섯 명 중에서 두 사람, 아주 정직한 사람과 업무능력이 뛰어난 사람을 각각 사장과 이사회 의장으로 선택한 것이다.

이익이 크게 늘고 여러 사업들의 안전성이 확보되는 등 그들이 세운 이상이 실현되어가도 호세 마리아 신부가 전하는 메시지의 핵심은 변하지 않았다. 그는 여전히 이익을 나타내는 숫자에는 관심이 없었고, 노동, 절제, 커뮤니티 및 연대를 강조하였다.

그는 협동조합 경험에 그의 온 생애를 바쳤다. 하비에르 에체베리아 신부는 "호세 마리아 신부의 사목은 특히 협동조합과 학교의 설립, 그리고 협동조합들의 사회적 활동에 초점을 두고 있었다."고 하였다.

3

1세대의 모범

첫 번째 협동조합의 초기 설립자 다섯 명 가운데, 하비에르 오르투바이는 몇 가지 개인적인 이유로 회사를 떠났지만, 비활동 조합원으로 출자는 유지했다. 그리고 루이스 우사토레는 젊어서 병으로 세상을 떠나는 바람에 타고난 기술 및 경영능력을 발휘할 수 없었다.

그래서 우리는 다른 세 명의 설립자들이 이루어낸 업적과 모범만을 탐구할 수밖에 없다.(헤수스 라라냐가는 최근에 세상을 떠났고, 호세 마리오르마에체아와 알폰소 고로뇨고이티아는 여전히 심신의 활력을 유지하고 있다. 호세 마리아 신부가 1915년생이고, 다른 설립자들은 26년 혹은 27년생이어서 신부님보다 열두 살 정도 어렸다.)

그 당시에 다른 제조협동조합들(파고르 아라사테, 코프레시, 파고르 에델란, 파고르 전자, 울마 및 라나^{Lana})의 발전에 헌신적으로 참여한 분들이 여럿 있다는 것을 잘 알고 있다. 그리고 그분들이 이룬 업적에 대하여 존경과 찬사를 보낸다. 하지만 그분들의 업적은 설립자 세 명의 업적 속에서 살펴볼 것이며, 여기서는 세 명의 인간적 및 사업적 특성을 알아보는 데 집중하려 한다.

톰 피터스는 탁월한 성과를 거두기 위해서 회사는 반드시 성공에 필요한 두 가지 요소를 충족시키는 사람을 채용해야 한다고 강조한다. 즉, 사업을 하는 데 필요한 재능을 충분히 갖추고 있어야 하고, 직무 역량이 뛰어나야 한다. 우리는 호세 마리아 신부도 창업자들을 선발할 때에 이런 점을 정확히 알고 있었다고 확신한다.

다가오는 세대를 위한 모범으로 작용하였고 또 작용할, 공동의 정체성을 드러내는 요소들로 다음과 같은 점들을 강조하고 싶다.

- **재능** : 그들은 세라헤라 유니언의 중간 관리자로 일하면서 여가 시간에 공학을 공부한 젊은이들이라는 데서 알 수 있듯이 능력이 있었다. 그리고 협동조합의 간부로서 보여준 뛰어난 업적은 그들에게 재능이 있었다는 증거로 충분하다.
- **업무 역량** : 모든 성과는 많은 일을 계획적으로 하고, 가족과 함께 여가를 보내는 데 써야 할 자기 시간을 희생함으로써 이룰 수 있었다. 세라헤라 유니언의 경우 간부들의 출근 시간은 9시였지만 노동자들은 8시까지 출근하였는데, 협동조합의 창업자들은 가장 먼저 출근하고 가장 늦게 퇴근하였다. 마찬가지로 구내식당이나 주차장, 공용차 이용 등에서도 창업자들은 양보를 하였다. 이런 행동들이 협동조합이 어떤 회사인지에 대한 창업자들의 생각을 알리는 데 어떤 연설보다도 더 효과적이었으며, 거울에 비추듯이 의사소통이 되었다.
- **그리스도교적 도덕성** : 호세 마리아 신부는 무엇이 도덕적이고

어떤 것이 비도덕적인지 그 차이를 분명하게 구분하였다. 초기 설립자 세 명은 이를 협동조합 활동 속에서 실천으로 옮겼다.

- **흠 없는 정직성과 신뢰성** : 그들은 자신들이 한 말, 돈 문제, 제도, 협동조합 원칙에 대하여 정직하였다.

- **인문정신** : 그들은 엔지니어였지만 마음과 정신을 가꾸었고 인간으로서 자신을 닦았다. 호세 마리아 신부는 독서광이었는데, 제자인 그들도 그랬다.

- **소박함과 검소함** : 항상 평범한 집에 살았고 오랜 친구들과 교류하였으며 평범한 곳에 자주 갔다. 이켈란 연구소의 전직 이사였던 엘로자가 말한 대로, 다른 사람들과 구분되는 특별한 티를 전혀 내지 않고 동네 사람들처럼 나다니며 평범한 생활을 했다는 의미에서, 가장 중요한 '걸어 다니는 인문정신'을 실천하였다.

- **사회정의의 소명** : 호세 마리아 신부 25주기를 기념한 학회에서 한 발표자가 언급한 바에 따르면, 세 사람이 은퇴할 때 협동조합의 자본은 수십억 유로로 늘어났는데 세 사람의 출자금 총액은 모두 합해서 백만 유로가 안 되었다고 하였다.

- **리더십 역량** : 그들은 맨바닥에서 시작해 협동조합 운동에서 놀라운 발전을 이루고, 진정 대단한 경영자로서 최고 80%에 이르는 수익률을 보이는 등 놀라운 경영성과를 거두었다. 이러한 사실은 그들의 리더십을 매우 명백하게 보여준다. 그들은 수많은 조합원들 스스로가 운 좋게도 형편이 매우 좋아졌음을 느낄 수

있게 해주었다.

- **협동조합 프로젝트***에 대한 충성심 : 내부 회의에서 경영, 경제 혹은 협동조합과 관련한 쟁점에 대하여 토의할 때는 대개 아주 치열하였다. 그러나 외부에서는 하나가 되어 협동조합 경험과 동료들을 적극적으로 지켜냈다.

- **과감한 도전** : 이 젊은 엔지니어들은 1956년에 언어장벽을 무릅쓰고 셀렌 판 및 응용제품을 제조할 특허를 얻기 위해 이탈리아와 독일에 갔다. 주저하지 않고 해외의 대기업에게 기술지원을 구했던 것이다. 그들은 이에 성공하자 다른 분야에서도 더 강도 높게 이러한 도전을 계속하였고, 동시에 쓸데없이 자만하지 않도록 주의하였다.

- **일관성** : 협동조합의 원칙과 가치를 말로 설명하는 것은 쉽다. 어려운 것은 그것을 생활에서 체현하면서 협동조합을 만드는 것이다. '완전하지 않더라도 사업을 하자, 말한 것과 원칙에 충실하자.' 그들이 지내온 모든 과정에서 드러난 것이 있다면 그들이 하겠다고 말한 것과 실제로 한 것의 일관성과 정직성이다.

---

*   협동조합 '프로젝트'라는 표현에는 몬드라곤에서는 조합원들 간에 함께 '공유하는' 프로젝트를 수행한다는 의미가 강하게 담겨 있다. 협동조합을 같이하는 것이 아니라 프로젝트를 같이한다는 것이 강조됨으로써, 구체성, 현장성이 강조되고 있는 것이다. 호세 마리아 신부를 비롯해 초기의 창업자들은 처음부터 협동조합을 하겠다는 마음으로 이 모든 일을 시작한 것이 아니다. 전후에 피폐해진 마을을 떠나는 사람들이 많아지고 커뮤니티가 무너지는 것에 대한 걱정 속에서 공동의 프로젝트들을 시작하고 그 경험들을 쌓아갔고, 그것들이 협동조합이라는 법적 형식을 취한 것이었다. 협동조합 '경험'은 곧 몬드라곤의 '경험'을 의미하는 것이었기에 그들은 거의 고유명사처럼 '협동조합 경험'이라는 말을 쓰고 있다.

창업자들이 직접 한 말을 인용하는 것으로 이 세 번째 열쇠항목을 마무리 짓고 싶다. "호세 마리아 신부는 '일'과 '정직'과 '초연함'의 좁은 길에 우리가 그와 함께 있도록 하였습니다. 우리도 우리를 따라온 사람들 안에 같은 것을 심고자 노력하고 있습니다."

4

현직 경영자들에 대한 동기부여

마드리드의 컨설팅 회사인 유로탤런트의 컨설턴트인 쿠베이로는 회사 발전의 60%는 그 경영자들의 수준과 성과에 달려 있다고 말하곤 했다. 사실 경영자는 직원들과 함께 일하면서 그들 사이에 팀워크를 촉진하고 모든 직원들이 회사의 프로젝트, 미션, 비전 및 가치에 적극적으로 참여하도록 해야 한다. 이 모든 일에 대한 책임은 분명 경영자에게 있으며, 따라서 경영자는 회사의 최종 성과가 더 좋아지거나 나빠지는 것에 대한 직접적인 책임이 있는 것이다.

창업자들이 1991~1992년 은퇴할 때 이들과 함께 일하던 2세대 경영자들이 있었다. 이 2세대 가운데 일부는 이미 은퇴했거나 은퇴를 앞두고 있고, 창업 세대가 현역 이사들의 신념에 끼치는 직접적인 영향은 이제 아주 미약하다고 할 수밖에 없을 것이다. 창업 세대는 이미 세상을 떠나고 있고 그들의 훌륭한 업적은 글이나 성과로만 알려져 있을 뿐이다.

따라서 기업구조의 경우, 이제는 협동조합이라는 정체성 말고는 초기에 창업자들이 만들었던 그것과는 거리가 멀어졌다고 할 수도 있을 것이다. 현재의 이사들은 다른 환경에 있는 일반 기업의 경영자들과 비슷한, 좀 더 일반적인 정체성을 지니고 있을 것이다. 그렇기에 창업자들이 설계한 '기업 간 협동inter-business cooperation'의 네트워크*가 협동조합 경험을 오랜 세월에 걸쳐 성공적으로 유지되게 하는 핵심요소가 되고 있다.

사회적 경제 연구자들이 우리에게 자주하는 질문이 있다. "경제적 성과가 좋든 나쁘든 간에, 창업자들이 그들의 기억 속에 남아 있는 호세 마리아 신부의 일을 계속하고 싶어 했다는 것은 이해가 갑니다. 창업자들도 그걸 자기들의 일이라고 여겼을 테니까요. 그렇지만 현재의 경영진들로 하여금 협동조합 기업에서 자기들의 전문 역량을 발휘하

---

* 인터코퍼레이션으로, 몬드라곤에서 강조되고 있다. 이는 협동조합 간의 협동과 비슷한 점도 있지만, 다른 점도 있다. 인터코퍼레이션은 단순히 협동조합 간의 협동을 넘어서, 조합원 간의 협동의 의미도 있고, 프로젝트의 공유화, 제휴, 커뮤니티가 되는 것 등을 포함한다. 더욱 중요한 것은 노벨경제학상 수상자인 엘리너 오스트롬이 그녀의 저서 《공유의 비극을 넘어》에서 공유사회 건설을 위한 일곱 가지 제도설계 원칙에서 강조한 바와 같다. 즉, 인터코퍼레이션을 추상적인 개념이나 가치를 넘어서 제도로서 확립하여, 조합원과 협동조합들이 실천하지 않을 수 없게 하고 내면화하고 문화로서 정착하도록 함으로써 그러한 협동이 지속적으로 작동하도록 하는 데에 그 중요성이 있다. 예를 들면, 리컨버전 제도나 급여연대 제도 같은 것이 그런 사례가 되는 제도이다.

도록 만드는 힘은 무엇일까요?"

최근에 협동조합과 비협동조합 기업을 모두 포함한 몬드라곤 지역의 103개 제조업체들의 임원(총 315명 중에서) 292명을 대상으로 동기부여에 대한 설문조사를 하였다. 그 이론적 기초는 미국의 유명한 심리학자 에이브러햄 매슬로의 '인간의 욕구 5단계설'을 응용하였다.

1에서 5점까지의 점수를 매겼을 때, 분석대상 표본 292명 임원의 가장 뚜렷한 동기부여 요소는 평균 3.5점을 얻은 사업 프로젝트였다. 협동조합 용어로 표현하자면 '공유 프로젝트shared project'이다. 논리적으로는 다른 세 가지 요소도 비슷한 점수를 보여야 했겠지만 가장 중요한 요소는 사업 프로젝트인 것으로 드러났다.

• 사업(공유) 프로젝트 : 3.5
• 경제적 보상 : 2.9
• 교육 훈련 : 3.3
• 사회적 인정 : 3.1

그밖에 분석한 것은 회사 바깥에서 참여하고 있는 활동이었다. 우리가 알고 싶었던 것은 협동조합의 경영자들이 협동조합이 아닌 기업의 경영자들보다 사회참여를 더 많이 하고 있는지 여부였다. 쉽게 말해서 협동조합의 경영자들이 본래 '특별한' 성향을 지니고 있는 것인지 여부를 알아보기 위해 협동조합 바깥에서도 협동적인지 알아보고자 한 것이다. 이를 위해 협동조합 경영자들에게 업무가 끝난 뒤 여가 시간에 주로 어떤 활동을 하는지 물어보았다.

업무 외 시간에 할 수 있는 사회적 활동으로 몬드라곤 지역에서 관여할 수 있는 활동과 조직은 36가지 형태로 나누어볼 수 있다. 교회활동(8), NGO 활동(5), 기타 자원봉사 활동(5), 정당·노조 및 사회단체 활동(6) 문화활동(8) 그리고 스포츠 활동(4)이다.

이런 모든 활동들에 자발적으로 참여해서 개인의 여가시간을 쓸 경우, 개인적 만족감을 느끼는 것과 지역의 사회적 자본이 역동적으로 활용되는 것을 보는 사회적 만족 외에는 아무것도 보상으로 받는 것은 없다. 그야말로 시간을 '자발적'으로 내놓는 것이다.

이 조사의 결과는 의외였다. 협동조합의 현역 경영자 및 전문가들의 사회공헌 활동은 협동조합이 아닌 기업의 경영자 및 전문가들의 사회공헌 활동과 평균적으로 비슷하였다. 거의 차이가 없었다.

이 결과에 비추어볼 때, 협동조합의 고용이 계속 증가하고 발전해가는 것이 협동조합에서 일하는 사람들의 특별한 성향 때문이 아니라는 점에 주목해야 할 것이다. 협동조합에서 일하는 사람들이 다른 사람들보다 더 사회적이거나 협동조합의 경영자나 전문가들이 특별한 성향을 지니고 있어서 협동조합에서 일하는 것은 아니라는 것이다. 우리는 그 이유가 다른 데 있다고 보고 있다. 기본적으로 1) 창업자들에 의해 고안되고 발전되어온, 사회적인 목적 지향의 내부 규칙의 틀에서 기인하거나, 2) 협동조합 기업이 계속 성장하고 경쟁력이 있다는 사실이 핵심 경영자들에게 충분한 매력을 주기 때문일 것이다.

그러므로 협동조합이 경영성과 면에서 잘나가는 한, 경영자와 전문가들은 다음과 같은 면들을 긍정적으로 받아들이면서 이런 방향으로 회사를 이끌어나갈 것이다.

- **현대적인 최신 스타일의 경영** : 최신의 경영 기법 및 도구들을 갖춘 협동조합들은 계속해서 세계시장에 적응하는 경영 프로세스를 취하여 왔다. 개별 협동조합은 몬드라곤 그룹의 일원이기는 하지만 사업 및 운영상의 의사결정을 분권적으로 자기 협동조합 본위로 하고 있다. 그렇지만 몬드라곤 그룹에 속한다는 사실이 주는 이점이 있다. 바로 각 협동조합이 서로 조언이나 비교분석 및 벤치마킹('최고를 복사'할 목적으로 관심 분야에서 베스트 프랙티스를 보여주는 조합의 제품, 서비스 및 생산 프로세스를 모방하기) 등 혼자서는 하기 어려운 주제들에 대하여 협동조합 경영자들 간에 나눌 수 있다는 점이다. 이런 점이 지금 현역으로 활동하는 경영자들에게는 중요한 직무만족 요인이 되는 것이다.
- **일자리 창출** : 협동조합들이 좋은 프로젝트를 운용함으로써 일자리를 창출할 수 있게 되는데, 이는 경영자들에게 개인적 만족과 직업적 보람을 안겨준다. 이는 또한 사회적 의미가 있는 동기유인이 된다.
- **국제화 마인드** : 몬드라곤이 제품 및 서비스의 국제화를 시작한

것은 1970년대였다. 오늘날 협동조합의 사업 환경은 세계적이며 이는 피그말리온 효과*를 낳고 있다. 몬드라곤 그룹은 전 세계에 73개의 제조 현지법인을 두고 있고 또 영업망을 많이 가지고 있어서, 수많은 경영자와 전문가들이 국제적인 경험을 할 수 있게 돕고 있다. 젊은 경영자가 처음으로 시카고나 상하이에서 열린 무역박람회에 참가하게 된 경우 현장에 이미 진출해 있는 그룹 내 다른 협동조합 임직원들의 도움을 자연스레 받게 되는데, 이로 인해 자신감이나 직업적 자존감이 높아지게 된다.

게다가 국제화는 경쟁적인 환경에 잘 대처하기 위하여 개인 역량의 수준을 더욱 높이는 데 도움이 된다. 고성과자는 국제적인 요구 수준에 부응하도록 스스로 동기부여를 하는데, 자신이 이룬 성과에 따라 평가받으리라는 것을 알고 있기 때문이다.

• **제품과 시장의 혁신** : 경제적 이익을 지속적으로 재투자해 자원의 일부를 '연구 개발 및 혁신R+D+I, Research+Development+innovation'에 할당함으로써 제품과 투자가 경쟁력을 갖도록 한다. 몬드라곤 협동조합의 자랑거리 중 하나는 제조설비가 늘 최신 설비라는 점이다.

• **수준 높은 인간관계** : 일반 중소기업이 아니라 협동조합 그룹에서 경영자로 일한다는 사실이, 그렇지 않았다면 많은 비용이 들

---

* 심리학에서 다른 사람이 나를 존중하고 나에게 기대하면 그 기대에 부응하기 위해 노력함으로써 결과적으로 성과가 좋아지는 효과를 의미한다. 또 스스로도 긍정적인 기대를 하면서 노력하면 상대방도 그에 부응하여 결국 기대한 성과를 달성하게 된다는 자기 충족적 예언효과라고도 할 수 있다.

거나 거의 불가능했을 일을 할 수 있게 해준다. 예를 들면 몬드라곤 그룹 차원에서 추진해 '경제위기에 대응하는 31가지 조언'이라는 행사를 빌바오의 구겐하임 박물관 강당에서 할 수 있었다. 또한 마드리드나 파리에 갈 경우 몬드라곤 그룹에서 일한다고 말하면 그곳 업계를 방문하기가 쉽다.

• 안전성 : 직장으로서의 위험 수준은 협동조합이 다른 회사들보다 일반적으로 낮은 편이다. 사실 경영자나 전문직의 보직 이동은 비슷할 것이다. 그렇지만 경영을 잘 못 했거나 성과가 나쁘다고 해서 휴직을 시키거나 협동조합에서 쫓아내지는 않는다. 협동조합 간의 네트워크를 활용하여 그룹 안에서 좀 더 명예로운 방법으로 이 상황을 해결하는 방법을 제시하곤 한다.

• 승진의 기회 : 그룹의 가장 커다란 도전과제 중 하나는 내부에서 유능한 인재를 찾아내서 승진을 통하여 동기부여를 하고 그것이 유지되도록 하는 일이다. 물론 필요하면 외부에서 인재를 찾아야겠지만 우선은 내부에서 훌륭한 인재를 찾아 승진시키려고 한다. 공유 프로젝트가 매력적인 면이 있는데도, 몬드라곤 그룹이 생기고 33년 동안 많은 경영자들과 최고의 전문가들이 협동조합을 떠나는 것을 보아왔다. 그 이유는 공유 프로젝트에 대한 만족만으로는 보상되지 않는 매슬로의 다른 세 가지 욕구 때문이라고 해야겠다.

이런 의미에서 호베스트 컨설팅사의 유명한 컨설턴트이자 사상가인 알폰소 바스쿠에즈는 최근 논문에서, 정말로 조직을 혁신하고 싶다면 조직 내 사람들의 다양성에 대한 열린 마음과 불확실성의 원리에서 출발해야 하며, 이를 통일성과 확실성으로 축소시키겠다는 유혹을 피해야만 한다고 하였다.

그러므로 앞에 언급한 요소들과 더불어, 우리는 협동조합의 성공적인 경험들이 서로 관계를 맺는 모델, 즉 충분히 많은 훌륭한 경영자들과 전문가들이 동기부여되어 협동조합에 계속 머무르도록 하는 모델을 만들어낼 수 있으리라 믿는다. 그들이 계속 머무르는 것은 그 경영자들이 회사 내외에서 남달리 협동하는 데 민감한 개인들이기 때문이 아니라, 공유 프로젝트가 그들에게 개인적 열망을 충족할 만큼 충분한 직무만족을 주기 때문인 것이다.

창업자들이 은퇴했을 때, 몇몇 외부인들은 창업자들에게 역사적으로 형성된 도덕적 권위가 있기 때문에 새로운 경영자들이 경영에 더 큰 어려움을 겪을 것이라고 생각했다. 오늘날의 경영자들은, 지금껏 그래왔듯이 계속해서 이익을 내면서 성장을 해야 한다는 운명을 안고 있는 것이다.

1. 호세 마리아 신부의 리더십

그의 개인적인 삶은 사제로서의 삶이었으므로 적용할 수 없을 것이다. 그렇지만 비즈니스 세계에서 보여준 그의 사목활동은 종교적인 함의 없이 시대와 무관하게 어떤 사업적인 리더십에나 응용할 수 있다. 다음은 그의 리더십 특성을 요약한 것으로, 순서는 중요도에 따른 것은 아니다.

· 직업윤리

· 재능

· 일에 대한 적극적 태도

· 검소함

· 솔선수범

· 도덕적 책임감

· 미래에 대한 감각

· 다른 사람에 대한 존중

· 변화를 불러일으키는 리더십

2. 창업자들에게 심어진 호세 마리아 신부의 영향력

· 미래에 대한 실용적 관점

· 경제적 성과

- 매출 증대

- 일자리 창출

3. 1세대의 모범

- 재능

- 업무 역량

- 정직성과 신뢰성

- 소박함과 검소함

- 리더십 역량

- 과감한 도전

- 일관성

4. 현직 경영자들에 대한 동기부여

- 현대적인 최신 스타일의 경영

- 국제화 마인드

- 제품과 시장의 혁신

- 수준 높은 인간관계

- 승진의 기회

사회적 책임

각자의 자리에서 자기 책임을 져라.
나는 나의 책임을 지겠다.

—안토니오 칸셀로(유통협동조합 에로스키 설립자)

5
협동조합 원칙

호세 마리아 신부는 앞선 시대의 사람들과 동시대인들, 그리고 젊은이들의 인간적 가치에 대한 글을 쓰곤 했다. 그 가치의 발전, 변혁, 변화에 대하여. 그는 사람들이 무엇이 선한 것이고 무엇이 악한 것인지에 대한 감각을 잃어가고 있다는 의미에서 "가치를 잃어가고 있다."라는 말을 자주 하였다.

우리는 이런 식으로 분석하지는 않을 것이다. 왜냐하면, 예를 들어 호세 마리아 신부가 협동조합을 통하여 사회정의를 주창할 당시에는 가톨릭 신자의 90%가 주일미사 참석의무를 지켰지만 오늘날에는 그 수가 10%에 지나지 않기 때문이다. 이렇게 변화된 현실을 오늘날의 프리즘으로 비교해보는 것도 흥미롭겠지만, 이 책의 주제와는 관계가 없다.

게다가 협동조합이 아닌 기업들 대부분이, 몬드라곤 지역뿐만 아니라 많은 다국적 기업을 비롯해 세계적으로도, 협동조합 기업들이 주창하는 가치들을 중시하고 있다. 왜냐하면 이 가치들은 다음과 같은 영역에서 경영의 우수성을 추구하는 모든 활동에 내재되어 있는 것이기 때문이다.

- 고객 만족
- 사람
- 제품과 서비스
- 협동
- 지속적인 개선
- 사회적 기여

몬드라곤과 다른 기업들의 차별점을 찾기가 어렵다는 점을 인정할 때, 몬드라곤의 정체성은 협동조합적 특성에 있다는 점을 생각하면 협동조합의 원칙에 대하여 살펴보는 것이 좋을 것이다. 페드로 에체베리아는 38년을 몬드라곤에서 일하고 자동차 부문의 사무총장직을 마지막으로 은퇴한 엔지니어다. 그가 은퇴하기 일주일 전에 이 책에 대한 조언을 얻으려고 책의 차례를 보여주었는데, 그는 자신의 신념 또한 협동조합 원칙에 바탕을 두고 있다고 했다. 원칙은 시간이 흘러도 변하지 않고 보편적인 데다 원칙에 적합한 경영 모델에 적용할 때에 쉽게 이해할 수 있기 때문이란다.

국제협동조합연맹^{ICA}은 7개의 원칙을 정해두었지만, 몬드라곤 그룹은 이를 확장하여 10개로 만들었다. 이 10개의 원칙이 경영 모델이 만들어진 기초이다. 10개의 원칙들을 나눠보면, 먼저 7개는 협동조합 내부와 관련된 성격을 띤다.

1. **교육** : '협동조합 경험'을 강화하고 발전시키기 위해 전문적인 교육을 하는 데에 인적 및 재정적 자원을 충분히 투입하는 것이다. 이는 다른 원칙들을 지켜내기 위한 무엇보다도 중요한 원칙이다.

2. **일자리의 중요성** : 일자리는 자연을 변화시키는 힘이고 인간과 사회의 집합적 진보를 불러오는 동력이며 결과적으로 부를 분배하는 근거이다. 이 원칙은 다음의 5개 원칙을 내포한다.

3. **개방적인 조합원 제도** : 자유로이 자발적으로 가입하려는 모든 이에게 개방되어 있다는 원칙이다. 협동조합이 만들어낸 일자리에서 일을 하는 데 적절한 직무능력을 갖춘 모든 남녀에게 열려 있다고 선언하는 것이다.

4. **민주적 조직** : 기본적으로 이사회와 사회위원회 구성원을 선출하거나 조합의 규칙을 정할 때, 한 조합원이 한 표를 행사한다는 것이다. 이는 조합원으로서 소유와 의사결정에 있어 모든 노동자의 기본적 평등성, 즉 '1인 1표'를 실천하는 민주적 조직을 의미한다.

5. **자본의 도구적 및 종속적 성격** : 자본은 필요한 자원이지만, 노동에 봉사하는 것이다. 일자리에 종속적인 도구이며 비즈니스 발전에 필요한 도구이다. 자본은 제한적인, 즉 경영성과에 직접 연동되지 않는 보상만을 받을 자격이 있다.*

---

* 경영성과에 직접 연동되지 않는 보상만을 받는다는 말의 의미는 협동조합의 비영리성을 의미한다. 즉, 비록 출자금에 대한 배당을 한다고 하더라도 이는 이자를 보상한다는 의미 정도이지 이익이 난 것을 그 이익 규모에 따라 출자자에게 성과배당을 한다는 의미가 아니라는 점을 강조한 것이다.

6. **경영 참여** : 사업 및 경영 분야에 조합원들이 참여하여 자치 경영을 점진적으로 발전시킴으로써 책임지는 조합원이 된다.

7. **급여연대**[*] : 각 협동조합이 현실적으로 가능한 선에서 각 조합 내에서 혹은 부문이나 지역별 그룹 내에서 급여연대를 한다.

다음으로 협동조합의 외부 활동과 관련된 원칙이 3개 있다.

8. **인터코퍼레이션** : 공동 차원에서 나오는 잠재적 시너지를 얻기 위한 활동, 경영성과의 리컨버전[**] 및 노동자 조합원의 이동 관리 등이 있다.

9. **사회 변화 활동** : 잉여 상당 부분의 재투자를 통한 지역사회 공동 개발, 새로운 협동조합을 통한 일자리 창출 및 커뮤니티 개발 활동에 대한 지원 등이 있다.

10. **협동조합의 보편성** : 평화, 정의 및 발전이란 목표를 공유하며 사회 경제적 민주주의를 위해 일하는 사람들이 연대하는 협동조합이 보편적 형식의 기업으로 받아들여질 수 있도록 한다.

몬드라곤 그룹이 설립된 이래 협동조합 경험 속에서 이 원칙들을

---

[*]   미주 8 참조.

[**]   미주 9 참조.

지탱해온 기둥이 무엇이었는지 세 가지로 요약해보면 다음과 같다.

- **민주주의** : 회사에서 일하는 모든 사람은 평등하다. 이것이 1인 1표의 민주적 원칙이다.
- **연대*** : 두 가지 의미인데, 내부적으로는 급여연대에 의하여, 그리고 외부적으로는 지역사회와 사회에 대하여
- **참여** : 자본, 경영성과, 그리고 경영에 대한 참여

회사가 이러한 세 기둥을 충족하고 있다면, 협동조합을 설립할 수 있는 법체계가 없는 나라에 있거나 해외의 제조업 자회사일지라도, 협동조합이라는 명칭이 붙어 있느냐 아니냐 하는 것은 중요하지 않다. 왜냐하면 중요한 것은 사회적 경제에 적합한 기둥이 있는 회사를 설립하는 것이기 때문이다.

---

*   연대의 의미가 무엇인지 규정하기는 매우 어렵다. 한국에서는 단순한 협력이나 연합회 같은 결사를 의미하는 경우가 많다. 그러나 몬드라곤 협동조합에서 연대를 말할 때 그들이 의미하는 바는 자기가 경제적인 손해를 볼 줄 알면서도 양보하고 협동하는 경우를 연대한다고 말한다. 그러므로 자기가 일한 만큼 혹은 시장가격만큼 받는 것이 정당하다고 주장하면 연대는 가능하지 않다. 예를 들어 급여연대나 리컨버전을 하게 되면 누군가는 반드시 손해를 보게 된다. 그럼에도 협동하는 것이 연대이다.

6

고용증대라는 도전

해마다 4,000명이 넘는 손님들이 몬드라곤 협동조합을 방문하는 까닭은 무엇일까?

나*는 1992년 몬드라곤 그룹^{MCC}이 설립될 때부터 1997년까지 그룹 본부와 과학기술대학에서 일했기 때문에 전 세계 각지에서 온, 종교와 문화와 직업이 다양한 방문자들을 만날 기회가 많았다. 대개는 외국인 들로, 협동조합인·경영자·학자·정치가 등이었는데, 여러 가지 주제에 관심을 보였고 협동조합의 역사와 발전 및 미래 전망에 대하여 폭넓은 질문을 하였다. 주된 관심사는 다음과 같았다.

- 호세 마리아 신부와 창업자들
- 협동조합 발전의 주요 이정표들
- 조직구조, 주요 부문 및 주요 데이터
- 협동조합 경영 모델에 일어난 변화
- 사업 프로젝트 및 경영의 개념

---

*   이 책의 저자 중 이리사르 교수를 가리킨다.

- 주요 목적, 전략 및 경영정책
- 정관, 규정 및 규칙들
- 원칙과 가치
- 지식 부문과 여기에 속한 대학교와 기술연구소
- 지역사회 및 사회 공헌 활동

사실상 거의 모든 방문자들을 대하면서 인상에 남은 것은, 몬드라곤의 협동조합 경험이 아직 '성장'하고 있다는 것에 대한 관심이었다. 성장에 대하여 질문할 때 그들이 궁금해하는 것은 자산이나 출자금이나 매출액에 대한 것이 아니었다. 방문자들이 가장 관심 있게 본 것은 노동자 수의 성장이었다. 우리가 1장에서 살펴본 고용성장 곡선(도표 2) 말이다.

고용의 지속적인 증가 추세는 많은 요소들이 작용한 결과일 것이다. 이를테면 훌륭한 경영, 효과적인 협동조합 모델, 회사에서 달성한 이익을 배당으로 지출하기보다는 대부분 회사 내에 재투자하는 것 등이 영향을 미쳤을 것이다. 그렇지만 고용이 지속적으로 늘어난 가장 중요한 원인은 미션 그 자체에 있으며, 회사에서 이 미션을 위한 정책들을 시행하고 있기 때문이다. 일자리를 늘리는 것이 바로 목적이다. 경제적인 이익을 추구할 때 조합원들의 재산을 늘리는 것 외에 다른 목적들도 추구하는데, 그중 하나가 협동조합적인 고용의 창출이라는 미션으로 정의되어 있는 것이다.

"미션 : 몬드라곤 그룹*은 사회 경제적 성격을 회사의 근간으로 삼아서 몬드라곤의 경험을 기반으로 사명을 구현하도록 한다. 그 사명은 제품의 생산과 판매, 서비스와 유통, 경영기구와 전략 방향을 결정하는 데 있어 내부 조직이 민주적인 방법을 채택하도록 하고, 물질적 및 사회적 재화를 조합원들의 연대와 그들이 활동하는 커뮤니티에 혜택이 가도록 분배하는 것이다.

주어진 미션에 명시된 목적을 달성하기 위해 그룹은 인적 및 재무 자원을 조달하고 활용함에 있어 경쟁력 있게 일할 것이다.

그룹은 여러 가지 지원 서비스와 업무를 제공하고, 규모의 경제를 창출하고 기술 혁신과 연구활동을 장려하며, 협동조합적인 방식으로 고용을 창출할 것이다. 또한 그룹의 총회에서 선정한 전략적 분야에서 유럽연합 내에서 선도적인 기업이 될 수 있도록 할 것이다.

제1차 그룹 총회에서 채택된 기본 원칙에 따라서, 노동자 조합원들의 인간개발 및 직업개발을 돕는다. 이를 위하여 연대와 장기적으로 균형 있는 신사업 개발을 추진하고, 경제적 복지와 일과 삶의 질의 조화로운 개선을 추구할 것이다."

---

* 그룹은 MCC를 의미한다. 다만 몬드라곤 그룹의 법적 구조적 특징은 재벌들의 지배구조와는 다르다. 재벌의 경우, 최상위의 지배기업 혹은 지주회사가 지분 및 경영권을 가지고 명령 내지 지시하는 체계가 일반적이다. 하지만 MCC는 사실, 일종의 연합회 같은 구조이고, 그룹본부는 연합회의 사무국 같은 형태이다. 그러므로 개별 회원 협동조합들이 자발적으로 참여하여 그룹을 구성하고 있는 것이다. 그래서 외형상 재벌과 비슷하지만, 그 실체는 상향식(bottom-up)으로 완전 반대다.

일자리의 수를 늘리는 것 등의 경제적 목적에 더해 노동자 조합원들의 공유 프로젝트를 충실히 뒷받침한다는 것은 여러 가지에 기초하고 있겠지만, 다음의 세 가지 정책을 종합적으로 실천하는 것이라 할 수 있다.

1. 협동조합 고용을 개발하기

- 기존 사업의 발전 및 새로운 사업으로의 진입을 통해 협동조합적이고 경쟁력 있는 일자리를 만든다.
- 전략적 집중에 기여하기 위해 새로운 협동조합을 설립한다.
- 기업 이미지 강화 및 홍보를 통하여 외부 그룹이나 기업에서 사업 프로젝트를 끌어당긴다.
- 새로운 합작 프로젝트 개발을 위하여 공공기관과의 관계를 강화한다.

2. 양질의 고용을 촉진하기

- 노동자들의 사회-직업적 구조를 구성함에 있어 그룹 상임위원회의 가이드라인을 적용한다.
- 합리성과 분야별 경쟁력의 기준에 따라 임시직 노동사의 규모를 적절하게 한다.
- 임시직 노동자들의 사회-직업적 처우를 관리함에 있어 평등, 연대 및 급여 일치의 기준에 근거한다.

- 해외 부문에서 창출되는 고용의 경우, 윤리적 기준과 노동자의 존엄성을 존중하는 원칙을 채택한다.
- 국내에서나 해외에서나 고용된 사람들이 경영, 분배 및 소유권에 참여하는 메커니즘을 확대해나간다.

3. 고용 가능성을 향상시키기

- 조직 운영상 발생하는 중대한 변화에 적절히 대응할 수 있도록 현장 노동자들의 기능 계발을 장려한다.
- 노동자들에게 지식 및 경영 기술을 향상시킬 방법과 기회를 제공하도록 권한을 위임하도록 한다.

고용의 구성을 분석해보면, 1장(도표 2)에서 밝힌 대로 2009년의 총고용자 수는 85,322명이었는데, 그 분포는 다음과 같다.

- 바스크 지역에서의 고용 : 39.7%
- 여타 스페인 지역에서의 고용 : 44.2%
- 해외에서의 고용 : 16.1%

일자리의 질 측면에서 보면, 산업 분야에서는 협동조합 조합원의 비율이 83%인 데 반해, 해외 자회사의 경우는 14,938명 모두가 비조합원 고용이다. 한편 에로스키 그룹의 경우 바스크 외의 스페인 지역에서 계약직 신분을 조합원 신분으로 전환하는 중에 있으며, 현재는 헤스파^{Gespa}라는 중간지주회사를 통해 자본 참여를 하도록 하고 있다.*

조합원 가운데 여성 조합원의 비율은 43.5%로 남성과 같은 권리와 의무를 가지고 있다. 그러나 경영자 지위에 있는 여성은 아직 남성에 비해 매우 적어서 17.5% 정도에 머물고 있는데, 이것이 협동조합의 사회적 현실을 반영하는 것은 아니다.

결근율은 4.9%였다는 것도 언급해야겠는데, 치명적인 사고는 없었다. 교육 훈련과 관련해서, 교육 훈련비의 비율은 총 인건비의 0.4%로 1천만 유로 정도 된다.

끝으로, 1929년의 대공황 이후 전례 없는 현재의 경제위기 상황과 관련하여, 그룹본부는 여전히 장기적 관점을 유지하고 있다. 고용 정책에 관한 역사적 전통은 새로운 일자리가 만들어지던 호황 때에도 협동조합적이었고 위기 때에도 기존 고용을 유지하려고 노력하는 것이었다. 그렇게 하기 위해서 충격을 상쇄하려는 여러 가지 방법들이 사용되었는데, 다음과 같다.

1. 각 협동조합은 현재의 실제 작업량에 맞도록 노동시간을 내부적으로 조정하였다. 일별, 주별 및 월별로 유연하게 주문량에 따라 작업시간을 늘리거나 줄였다. 더하거나 덜 일한 시간은 개인별로

---

* 미주 10 참조.

관리되어 직무에 따라서 월간 이동되거나, 흔히는 연 단위로 이동 관리되었다.

2. 일감이 적은 협동조합의 노동자를 일감이 많은 협동조합으로 재배치하는 인터코퍼레이션이 활용된다. 그룹 내 회사들 간의 인터코퍼레이션에 따른 직무 전환은 공제회사인 라군 아로*가 주관하여 실시한다.

3. 만약 모회사의 주문량이 적으면 임시직 계약이 취소되거나 연장되지 않는다. 협동조합들의 경우 임시직의 비율이 15~20% 정도 되는데, 이들은 조합원으로 가입하기 전 보통 3년의 수습기간에 있는 젊은이들이 대부분이다.

어떤 경제학자나 사상가들은 몬드라곤이 정규직 조합원들 사이에서만 일과 돈을 나누고 있기 때문에 조합 밖의 젊은이들과는 연대가 없다고 생각한다. 나 역시, 미래 사업의 기초가 되어야 할, 잘 준비된 많은 젊은이들을 먼저 실업 상태에 처하게 한다는 것은 중장기적으로 사업 논리에 맞지 않는다고 본다.

4. 법적 은퇴 연령은 65세이지만 많은 경우에 60세나 61세가 되면, 그때부터 65세까지의 급여에 대하여 부분적으로 보상받기로 조합과 합의하고 자발적으로 은퇴하여 퇴직연금을 받기 시작한다. 지금과 같은 경제위기 상황에서는 모든 조합원들을 대상으로 이

---

* 라군 아로의 구성 및 운영의 특징에 대하여는 미주 11 참조.

러한 가능성을 검토해서 가능한 한 이 대안을 활용하도록 권장하곤 한다. 많은 협동조합에서 기준 나이를 59세 혹은 심지어 58세까지 낮추기도 한다.

5. 경제 상황에 따라서 조합원들이 받는 금전적인 소득은 다음과 같다.

• 스페인에서는 통상적으로 연간 14번의 급여가 나가는데, 달마다 한 번씩 12번이 지급되고, 휴가에 맞추어 7월과 12월에 두 번의 추가급여가 지급된다. 위기 때에는 추가급여를 깎아서 50%부터 시작하지만, 그렇지 않을 때는 원가를 줄이려고 깎지는 않는다.

• 마찬가지로 조합원 출자금에 대한 이자 지급도 50% 혹은 100% 삭감한다. 즉, 출자금에 대하여 아무 보상도 하지 않는 것이다.

• 공제조합에 의해 책정된 평균급여비율*은 100이며, 모든 협동조합이 이를 기준 삼는다. 위기 때에는 지수 100의 98%부터 시작해서 지수의 75% 혹은 80%까지만 지급하기도 한다.

• 끝으로 이상의 조치들로도 손익계산서와 재무상태표의 최소 수준을 유지하는 데 충분하지 않다면, 일주일에 하루 이틀만 일하기도 하고 무급 휴가를 실시하기도 한다.

6. 유통협동조합인 에로스키의 경우 손실이 난 2008년과 2009년의

---

* 공제조합인 라군 아로에서 각 급여지수별 급여를 정하여 표준으로 제시하는데, 각 협동조합에서는 이를 기준으로 각 협동조합의 형편에 따라 급여를 조정한다. 미주 12 참조.

경우, 위와 같은 조치들 외에 추가급여 없이 10%를 더 일하기로 결정하였다. 이렇게 추가급여 없이 일한 시간이 일인당 평균 연 170시간에 달했다.

그렇지만 이런 조정 방식들은 여건에 따라서 전 세계의 다른 기업들에서도 실행하고 있는 것들이다. 좋은 사례로, 미국의 유명한 경영 잡지인 〈MIT 매니지먼트 리뷰^{MIT Management Review}〉에 비교 기사로 실린 일본의 도요타와 미국의 제너럴모터스 및 포드가 실시한 인사정책을 들 수 있다.

제너럴모터스와 포드의 경우 주문이 줄어들자 수천 명의 종업원을 해고한 데 반해, 도요타는 텍사스와 인디애나 공장의 4,500여 종업원들을 그대로 유지하고 생산이 없을 때는 훈련과 유지보수를 하도록 하였다. 그런데 내가 도요타의 인력개발센터장인 라톤드라 뉴턴과 이야기를 나누었을 때, 그는 이렇게 이야기했다. "우리가 인력을 그대로 유지하는 것은 우리가 착해서가 아닙니다. 근본적인 이유는 불경기가 끝났을 때 우리 회사가 업계에서 가장 우수한 인력을 보유하고 있기를 희망하기 때문입니다."

도요타는 미국과 유럽의 모든 최고의 경영대학원들이 말하는 바, 즉 "사람은 기업의 가장 중요한 자산이다." "좋은 품질과 수익성을 얻으려면 종업원들을 존경하고 존중으로 대해야 한다." 그렇게 함으로써 "회사는 회사에 대한 좀 더 높은 수준의 헌신성으로 최고의 표준에 따라 일하는 최고의 생산성을 지닌 장비를 보유하게 될 것이다."를 실천에 옮기고 있을 뿐이다. 그 기사의 마지막 교훈은, 경쟁자인 제너럴모터스나 포드와는 달리 도요타는 언제나 종업원들에 대하여 장기 비전을 가지고 있다는 것이었다.

그 기사가 나간 지 몇 달이 지나지 않아 상황이 바뀌기 시작했다. 2009년 초 도요타는 1949년 설립 이후 처음으로 2008년도에 적자를 기록했다고 발표했다. 이에 책임을 지고 도요타 자동차의 이사회 회장인 가츠아키 와타나베가 사임을 하였다. 그리고 적자 행렬이 계속되면서 도요타나 소니 같은 일본의 대기업들도 해고를 할 수밖에 없게 되었고, 일본의 기업문화에도 변화가 오는 것이 아닌가 하는 추측이 일었다.

격동하는 세계 경기 속에서, 공작기계 부문이나 자동차 부품 부문은 다국적 자동차 제조사들을 고객으로 두고 있기 때문에, 세계적인 협동조합 기업들도 그에 따라 움직일 수밖에 없다. 그리고 간접적으로 다른 부문들도 영향을 받는다. 몬드라곤 그룹 총회장의 공식 발언들은 여전히 미래에 대해 분명하고도 확고한 약속을 하고 있지만 고용 유지에 대해서도 그러한지 생각해봐야 할 것이다. 결론적으로 말하자면, 협동조합의 주인은 노동자들 자신이고, 자본의 소유자로서 그들의 이해는 자신들의 일자리 유지와 나란히 가고 있는 것이다.

7
이익의 재투자

런던경영대학원과 MIT의 교수이며 저명한 기업전략 전문가인 아리 드 호이스$^{Arie de Geus}$는 최근에 전 세계 경영자들의 모임인 엑스포 매니지먼트^{ExpoManagement}에서 이렇게 이야기했다.

"기업의 성공은 어떻게 측정할까요? 단기 이익 극대화인가요, 아니면 다음 세대에게 넘길 수 있도록 경영하는 것인가요? 선택은 분명합니다. 두 번째 방안이 최선입니다. 오랫동안 유지되어온 회사들이 오래도록 살아가는 길은 자산입니다. 이익은 결코 언급되지 않습니다. 왜냐하면 회사에게 이익은, 마치 사람에게 산소와 같은 것이기 때문입니다. 우리가 살기 위해서는 산소가 필요합니다. 그렇지만 숨쉬기 위하여 살지는 않습니다."

협동조합 기업과 협동조합이 아닌 기업의 경영에서 눈에 띄는 차이점 중 하나는 이익(혹은 협동조합 용어로는 순잉여)의 분배가 아니라, 분배 후에 회사에 유보된 부분의 처리 비율에 관한 것이다. 분배의 결정은 총회에서 이루어지는데, 세금을 납부하고 남은 순이익을 분배하는 협동조합의 관행은 다음과 같다.

1. 최소 20%는 의무 적립금으로 한다.
2. 최소 10%는 교육 및 협동조합 진흥기금^{FEPC}으로 납입한다. 그렇지만 누적 의무 적립금이 자본금의 50%에 미달하는 경우 이 기금 납입은 5%로 줄일 수 있다.
3. 어느 경우든 의무 적립금과 교육 및 협동조합 진흥기금으로 분배되는 금액은 합쳐서 30% 이하이다.
4. 나머지는 개별 협동조합의 이익으로 된다. 여기서 조합원들이 협동조합의 이익 배분에 참여하게 되는데, 분배 가능하거나 그렇지 않은 임의 적립금이 된다. 협동조합의 이익은 조합원 개인이 한 해 동안 협동조합에서 수행한 활동(그 측정은 급여 총액이나 노동 기여로 함)의 비율에 따라 조합원들에게 나누어진다. 어떤 경우에는 출자금을 기준으로 분배될 수도 있다. 보통 분배금의 절반은 개인별 배당으로, 나머지 절반은 적립금으로 한다.

협동조합의 경영자들은 재무상태가 건전한 경우, 신규 투자를 하는 데 자본을 세후 이익의 90%까지 쓸 수 있다. 회사 밖으로 나가는 돈은 교육 및 협동조합 진흥기금으로 가는 것뿐인데, 이는 회사가 자리 잡은 지역의 필요에 따라 지역사회로 가는 것이다.

그래서 협동조합 공장의 생산설비가 보통 최신 설비로 잘 유지될 수 있는 것이다. 이런 의미에서 전통적으로 협동조합의 경영자들은 고객이나 방문객들에게 재정적 여유의 상징인 최신 설비를 갖춘 공장을 자랑스럽게 보여주는 것이다.

경기가 좋을 때에는 투자를 위해 필요한 자본을 내부 자금으로 일정 부분 충당하고 금융기관 대출은 줄일 수 있다. 그렇지만 여전히 외부 자금 조달이 필요하다.

왜냐하면, 회사에 따라 다르지만 새로 조합에 가입하는 조합원들의 출자 기여분이 현재 개개인의 일자리 원가인 275,000유로의 6%나 7% 정도밖에 안 되기 때문이다. 이 금액이 산업체 일자리 하나에 대한 투자 규모다. 우리는 자본시장에서 자금을 조달할 수 없기 때문에 이런 한계점이 있음을 인식하고 있어야 한다.

개별 협동조합의 능력을 넘어서는 문제에 대한 재무적 해결방안의 하나가 몬드라곤 그룹이다. 어느 정도 안정성을 확보하기 위하여, 이론상 일자리 원가의 50%는 차입으로 조달하지만 나머지 50%는 내부 자금으로 충당해야 한다. 그렇지만 이익의 거의 대부분을 재투자하면서도 자기 자금으로 50%를 조달하는 것은 어려운 일이다. 그래서 어떤 조합은 재무구조가 나빠지게 되고, 그 조합의 경영자들은 현금 흐름을 관리하기 위해 많은 노력을 해야만 한다. 이런 상황에서 일하게 되면 경영자들은 진짜로 걱정해야 할 시장에 대해 고민할 경영 역량을 잃어버리게 될 것이다.

첫 협동조합이 설립되었을 때는 일자리 당 투자비가 낮은 편이었고, 또 모든 협동조합들의 매출 이익률이 오늘날의 최고 이익률보다도 훨씬 더 높았다. 이것이 의미하는 바는, 이제는 제조협동조합을 설립하는 것이 낮아진 이익률과 초기 자본 기여분이 작다는 두 가지 이유 때문에 점점 더 어려워지고 있다는 것이다. 또한 미래의 성장은 주로 자본 투자 측면에서 진입장벽이 더 낮은 서비스 분야에서 이루어질 것이라는 점이다.

끝으로 손실이 생겼을 때 특히 오늘날과 같은 경제위기 시대에 어떻게 하는지에 대하여 이야기해야겠다.

1. 우선 자발적으로 적립한 임의 적립금이 있다면 먼저 이것을 모든 손실에 충당한다.
2. 다음으로 재무상태표 규제법에 따라 이용할 수 있는 자금이 있으면 충당한다.
3. 그래도 여전히 손실이 남아 있으면 다음을 활용해 충당 및 분배한다.
   • 모든 의무 적립금
   • 개인별 협동조합 적립금. 조합원 개인의 계정으로 적립된 충당금인데, 손실로 충당되어 출자금이 감소하게 된다.

8
교육 및 협동조합 진흥기금

사회적 책임 분야는 지속적으로 발전시켜야 할 내부 경영 분야이다. 이는 협동조합의 성장과 재생산을 위해서 가장 우선적으로 추구해야 할 부분이다. 만약 협동의 개념이 협동조합을 설립한 조합원들만의 성공을 위한 조건을 유지하는 것에 머문다면 폐쇄적이고 이기적인 것이 될 것이다.

여러분이 진정 협동조합을 믿는다면 우리가 성취한 것이 다른 시민들에게도 확산되도록 해야 할 것이다. 확산은 두 가지 방법으로 될 수 있다. 하나는 시장을 통한 것이고, 다른 하나는 일반 시민들에게 이익을 나누어주는 것이다.

시장을 통한 사회적 책임

이에는 직간접으로 여러 가지 방법이 있으며, 또 협동조합에만 고유한 것은 아니다. 몇 가지를 들어보면 다음과 같다.

• **고용** : 스스로 고용을 창출하는 것이야말로 지역사회에 대한 첫 번째 사회적 책임 활동이라 할 수 있다. 일자리를 창출할 수 있도

록 부를 만들어내고 축적하는 것, 그리고 지역 사람들에게 급여를 지급하는 것은 지금 일하고 있는 조합원들의 책임이다.

젊은이들이 자영업을 하거나 창업을 하도록 기업가정신을 장려하는 것으로는 충분하지 않다. 왜냐하면 '글로벌 창업가정신 연구GEM, Global Entrepreneurship Monitor'의 연차보고서에 따르면 창업에 도전하는 젊은이들 중에서 겨우 4%만이 성공하기 때문이다. 대부분의 협동조합들은 이미 안정된 기업으로 '자리 잡고' 있으므로, 젊은이들에게 비슷한 기회를 제공하는 것이 사회적 의무라고 하겠다.

• **소득 균형** : 협동조합의 급여차이 비율은 최대 1:12로서, 급여의 분포가 비교적 평등하게 이루어지고 있다.* 이익의 분배 또한 급여와 함수관계에 있으므로 비슷하게 평등하게 이루어진다. 협동조합은 지나친 사회적 불평등 없이 평균적인 구매력이 있는 사람들의 집단이 커지도록 하고 있다.

• **세금 납부** : 새로운 고용이 창출되면 급여 소득에 대한 소득세와 소비세 같은 직간접세를 납부하는 사람들이 늘어난다. 또한 효과적으로 기업을 경영하면 법인소득세를 납부하게 된다. 어느 경우

---

* 급여차이 비율은 급여가 가장 적은 사람의 급여와 가장 많은 사람의 급여의 배수로 표시한다. 라군아로가 제시하는 표준 급여차이 비율은 1:6이다. 1:12는 예외적으로 차이가 큰 경우인데, 이 비율은 개별 협동조합들이 자체적인 총회에서 정하는 것이지만, 대개는 1:6 수준으로 하며 그 이하이거나 1:12인 경우도 있는 것이다.

든 일차로는 정부가, 결국에는 사회가 혜택을 보게 된다.

- **책임 있는 환경경영** : 기업활동은 마땅히 환경을 중시해야 한다. 협동조합들은 환경경영인증을 받는 데 선구자였다. 2009년에 모두 53개의 협동조합 기업이 ISO 14001인증서를 받았고, 4개의 조합이 EMAS*의 인증을 받았다. 그룹본부의 환경경영 정책은 다음과 같은 것들을 제안하고 있다. 1) 생태 효율성 : 에너지, 물 및 자원 소비 절감, 2) 공해 방지 : 폐수, 쓰레기 및 대기 중 이산화탄소 방출 최소화. 이뿐만 아니라 환경성과를 개선하기 위해, 예를 들면 에코 디자인 활동, 생태 효율성 높이기, 환경영향 최소화 그리고 환경경영 시스템 운영 등의 실천에 중점을 둔 활동이 강조되고 있다.

- **노하우의 전수** : 노하우를 전수하는 것, 즉 습득한 것을 다른 사람들과 공유하는 것은 사회적 의무다. 고유한 지식을 잃을까 봐 공유하기를 두려워하는 사람은, 지식은 다른 지식과 만날 때 발전하는 것이지 숨겨져 있으면 결코 발전할 수 없다는 사실을 알아야 할 것이다. 지식의 공유는 우리의 역량을 세계적으로 키워줄 것이다.

- **투명성** : 사회적 책임에서 투명성은 핵심적인 자리에 있다. 사회

---

* EMAS(EU Eco-Management and Audit Scheme)는 유럽연합이 기업 및 여타 조직의 환경성과에 대하여 평가, 보고 및 개선 활동을 하기 위하여 설립한 기구이다.

는 우리의 목적이 무엇인지, 그리고 이 공표된 목적들이 얼마나
잘 수행되고 있는지 알 권리가 있다.

이익을 나누는 방식의 사회적 책임

이익을 배분할 때에 '교육 및 협동조합 진흥기금'에 5~10%를 분배
한다. 이 돈은 회사에서 나와서 사회적 의미가 있는 활동들에 직접 가
는 것으로, 보통은 조합원들이 일하고 이익을 내는 회사가 자리 잡고
있는 지역의 필요에 따라 쓰인다. 예를 들면 노동인민금고는 그룹본부
와 관계없이 자기 사무실이 있는 지역의 필요에 따라 교육 및 협동조
합 진흥기금의 자사 기여분 자금을 사용한다.

2005~2008년 사이에 커뮤니티 프로그램에 투자한 돈은 1억 4,200만
유로에 달했다. 외부의 어떤 개인이나 단체든, 협동조합과 아무 관련
이 없더라도 교육 및 협동조합 진흥기금의 자금을 신청할 수 있다. 이
사회는 사회위원회의 의견을 들은 뒤 사업 타당성과 그 사회적 효과를
고려하여 얼마나 지원할지를 자유롭게 결정한다. 통상적으로 지원하
는 곳은 다음과 같다.

- **훈련센터** : 직업훈련기관으로서의 몬드라곤 대학교, 그룹본부와
  관련 있는 초중등학교 혹은 라군 아로 같은 곳으로, 비영리로 공
  공 서비스를 수행하는 사립법인들이다. 이들은 혼합형 협동조합
  으로, 협동조합이 자본에 참여하고 자본을 출자한 협동조합에서

이사회 회장을 맡으며, 그럼으로써 출자한 회사와 긴밀한 관계를 유지하면서 경영철학과 사업 모델을 활용한다.

교육 및 협동조합 진흥기금으로부터 이들이 받는 자금은 매우 중요한데, 이 자금이 있기에 등록 학생 수가 적더라도 필요한 투자를 할 수 있다. 그렇다고 해서 조합원의 자녀가 다른 처우를 받는 것은 아니고, 조합원 아닌 사람의 자녀와 모든 면에서 똑같은 처우를 받는다.

- **기술연구소** : 앞에서와 마찬가지로, 기술연구소들도 혼합형 협동조합으로 비영리이고 공공 서비스를 수행한다. 협동조합들이 조합원으로 참여하며, 전통에 따라 이사회 회장은 제조협동조합의 대표가 맡는다. 일반적으로 정부는 연구 개발과 혁신(R&D+i, 일반적인 연구와 개발(R&D)에 혁신을 더한 개념)을 하는 데 필요한 보조금 지원 정책과 관련하여, 장단기적인 연구 개발 투자에 기업들이 자금 투자와 참여를 하는 것을 크게 환영하고 있다.*

- **기타 자금 지원** : 직업훈련 및 기술개발을 위한 지원 외에, 사회적 의미가 있는 지역사회의 프로젝트는 어느 것이나 교육 및 협동조합 진흥기금으로부터 자금지원을 받을 수 있다. 예를 들면 성당이나 유적지의 복구, 요양원, 실버타운 등이다.

---

* 유럽연합, 스페인 혹은 바스크 정부가 연구 개발 프로젝트를 지원하는데, 관심 있는 프로젝트에 대하여 기업이 자금을 일부 투자하면서 공동 참여하는 것을 말하는 것이다.

- **NGO와의 협력** : 전통적으로 자금의 일부는 평신도 선교사나 현지의 협력자를 통하여 요청되는 해외 협력 프로젝트를 지원하는데 쓰인다.
- **다양한 지역활동** : 다양한 스포츠 활동에 대한 지원, 스포츠클럽 지원, 문화 행사, 문화협회에 대한 지원, 지역 축제, 출판 등이다. 몬드라곤 그룹의 회사들은 지역 커뮤니티에 속해 살면서 일하는 사람들이 소유하고 있다. 협동조합들이 설립될 때, 지역 커뮤니티의 저축으로 자금이 조달되었으므로 조합원의 출자 자본을 늘리는 외에 회사들이 자기 이익의 일부를 커뮤니티 발전에 할당하는 것은 합리적으로 보인다.

🗨️ 보편 요소

5. 협동조합 원칙

- 각 수준에 따른 교육 훈련
- 부서별 및 프로젝트별 경영에 대한 참여
- 내부적 협동 및 상공회의소나 협회를 통한 다른 회사들과의 협동
- 경제적, 환경적 및 사회적 성과에 근거한 지속 가능한 사업을 위하여 기업의 사회적 책임CSR에 입각한 사회 변화 추구

6. 고용증대라는 도전

- 새 프로젝트 발굴, 특히 국제 사업
- 훈련 촉진 및 노동자에 대한 직업훈련
- 계약기간의 유연성 및 실업률이 낮은 국가의 모델 응용하기
- 노동 시간 및 방식 다변화
- 여유 인력의 재배치, 선택적 아웃소싱 혹은 일감이 많은 그룹 내 회사와의 하청계약

7. 이익의 재투자

- 임의 적립금
- '연구+개발+혁신+훈련 센터'를 위한 기부금

8. 교육 및 협동조합 진흥기금

- '연구+개발+혁신+훈련 센터'를 위한 회의와 이사회, 자문회의에 참여
- 같은 지역의 기업 및 조직의 모범 사례를 서로 벤치마킹하고 실천 으로 이어지게 하는 노하우의 이전

인간개발과 참여

미래가 밝은 기업은
재무 및 물적 자원에서뿐 아니라
지적, 사회적 및 심리적 자본에서도
가치를 창조해낸다.

– 요나스 리더스트럴러(《펑키 비즈니스》의 저자)

9

자본에 대한 참여

이 항목과 관련해서는 주식회사와 협동조합 간의 주요 차이를 정리해보기로 하자.

주식회사는 권력이 회사의 지분 자본에 있는 회사다. 회사의 가치는 주식으로 나뉘어져 있어서, 주식을 더 많이 가진 법인 혹은 자연인이 더 많은 권력을 지닌다. 의사결정은 총회에서 이루어지는데, 총회에서 각 주주는 자기가 보유한 주식의 수만큼 투표권을 가진다. 주식회사들의 기업 목적을 수행하기 위해 고용된 사람들이 제공하는 노동은 임차된 것으로서, 이 사람들은 기업이 채택하는 전략에 대한 의사결정권이 없다.

직무를 수행한 대가의 수준을 정하기 위한 협상의 프레임워크는 서로 반대되는 입장에서 결정된다. 주주들은 해당 회사를 설립하면서 발생한 위험을 상쇄할 수 있을 만큼의, 가능한 한 최대의 이익을 추구할 자본의 권리를 지키려고 한다. 종업원들은 그들의 소득과 노동조건을 개선시키기를 원하고, 자본이 이익을 보도록 할 책임에서는 멀어지려고 한다. 그래서 가능한 한 많은 급여를 받기 원하는 사람들과 최대의 주주자본 이익률을 얻으려는 사람들 사이에 영원한 이해관계의 분리가 있게 된다.

협동조합 기업에서는 노동이 노동자 조합원에게 권한이 있게 하는 근거이다. 의사결정은 총회에서 이루어지는데, 각 조합원은 한 표씩을 행사한다. 이는 그 당시 조합 장부에 기재되어 있는 출자 규모나, 조합 조직상의 지위나 그 조합에서 일한 기간과 무관하다. 즉, 말 그대로 1인 1표이다. 자본은 '임차'된 것이다. 일하는 조합원이 협동조합에 가입할 때 납입하는 것이고, 이익이 증가하든 감소하든 관계없이 정해진 고정 금리를 받는다.

노동자 조합원이 은퇴를 포함하여 어떤 이유로든 더 이상 일하지 않게 될 때는 출자금을 돌려받는다. 이익의 분배는 각 조합원이 행한 재무적 기여가 아니라 조합원이 그 해에 수행한 업무량에 비례하여 이루어지는데, 각자의 급여에 기초한다. 자본과 노동 사이에 이해 상충이 없다.

부록 1에 나오는 대로, MIT의 저명한 토머스 멀론 교수는 그의 저서 《일의 미래》에서 노동자들이 자본 참여도 하면서 적극적으로 개입하는 기업들이 미래에는 성공할 것이라고 강조하였다. 그 실례로서 세계 각지의 여러 기업들을 들고 있는데, 그중 하나가 몬드라곤 그룹이다.

이 모델은 첫 번째 협동조합이 설립될 때 채택된 것으로, 창업자들은 회사의 가장 중요한 요소는 사람이며 자본은 도구라고 이해하였다. 이 노동자협동조합 모델에서 모든 노동자들은 스스로가 조합원(여러 가지 유형의 협동조합이 있는데, 예를 들면 농업협동조합의 경우 생산자들이 조합원이고, 협동조합에서 일하는 사람들은 급여를 받는 직원이다)으로서, 자본 위에 사람이 있는 것이다. 조합원들이 지급받은 것 이상의 잉여 부분은 내부에 축적되어 자본이 되고*, 이렇게 쌓인 자본이 기업활동을 적절히 이루어지도록 하는 것이라고 생각했다. 이런 점에서, 어떤 기업활동을 하든지 자본은 절대적으로 필요한 핵심 도구이지만 숭배의 대상이 되어서는 안 되는 것이다.

이 같은 사람 중심의 성격이 협동조합 발전의 기둥 가운데 하나가 되었다. 말 그대로 노동자들은 회사의 소유자이며, 동시에 자기 노동의 주인이 된 것이다.

회사의 정관과 규정뿐만 아니라 회의에서 이루어진 수많은 결정 가운데 많은 부분이 이에 대한 것들이다. 주식회사와 같은 이해 갈등은 없다. 주식회사는 외부의 주주들이 투자자금에 대하여 배당과 주가 상승을 통한 최대의 수익을 기대한다. 이 경우 우리는 균형을 추구해야 하는데, 배당지급으로 돈이 회사에서 주주(조합원)에게로 유출되는 단기적 관점과 적절하고 생산적이며 전략적인 투자의 실행이라는 장기적 관점 사이에서 균형을 잡기란 쉬운 일이 아니다.

협동조합 조합원이 되고자 하는 사람은 다음의 두 가지 재무적 기여를 해야 하는데, 그 금액은 해마다 총회에서 승인한다.

---

* 이와 같이 비분할 적립금을 내부에 축적해가는 과정이야말로 협동조합의 제3원칙인 경제적 참여의 가장 중요한 의미이며, 협동조합을 공동으로 소유하는 공유재로 만들어가는 과정인 것이다.

- **가입비** : 초기 의무 출자금 규모의 20%를 초과하지 않는 범위로 한다. 이는 출자금에 합산되지 않고 법정 적립금으로 되며, 개인 계정으로 분배될 수 없다.
- **의무 출자금** : 조합원 개별 계정으로 관리되며, 협동조합 출자금의 일부가 된다. 해마다 이자를 지급받는데 그 해의 경영성과와는 무관하며, 법정금리 +6%를 초과하지 않는다. 현재 가입비와 의무 출자금을 합한 금액은 12,000유로 정도이고, 이자율은 6% 정도이다. 원하는 조합원은 그 금액을 24개월로 분할 납부할 수 있는데, 급여에서 공제한다.

노동자들의 자본 참여*는 학계 등 관련 포럼에서 분석, 논의되는 또 다른 개념인 기업 민주주의와 관련이 있다.

모든 노동자들이 1표를, 협동조합의 설립자나 최근 가입한 젊은이나 똑같이 1표를 가지고 다수결로 의사결정을 한다는 사실이다. 보통 결의사항에 대하여는 총회에 참석한 조합원의 '절반+1표'로, 대규모 투자나 제휴 및 정관 변경 등과 같은 전략적 결의사항은 3분의 2 이상으로 결정한다.

1인 1표가 의미하는 것은 15,000유로를 투자한 신입 조합원이나 35년을 일해왔고 출자금이 250,000유로나 되는 조합원이나 총회에서

---

* 자본 참여의 협동조합적 의미에 대하여는 미주 13 참조

는 같은 힘을 갖는다는 것이다. 즉, 자본은 사람보다 아래라는 것이다.

마찬가지로 이사회의 회장이나 경영대표의 한 표와 급여지수가 가장 낮은 노동자의 한 표가 같은 가치를 갖는다는 뜻이다.

회사의 소유권과 기업 민주주의라는 이 두 가지 개념을 볼 때 혹시 사회정의를 추구하는 사업구조라는 목가적인 생각이 들지도 모르겠다. 겉으로 보기에는 그렇다. 그러나 일상의 실천에서는 가장 헌신적인 사람이 불평을 하게 되는 상황이 벌어진다. 회의 참석률이 낮고, 결석자로 인해 참여와 토론이 적어지게 되기 때문이다.

이에 대하여 여러 가지 내·외적 이유를 들 수 있을 텐데, 우리가 이해하는 선에서 살펴보자면, 우선 여러 해가 지남에 따라 협동조합 모델이 안정화되고 많은 조합원들이 다른 회사에서 일해본 경험 없이 협동조합이 안정된 후에 들어왔기 때문에, 협동조합을 통상적인 것으로 여기기 때문이다.

이런 무관심이 협동조합에서만 일어나는 것은 아니다. 비슷한 예로 기푸스코아 주 상공회의소에서 선정한 20세기의 10대 기업가인 파트리시오 에체베리아를 보기로 하자. 그는 맨땅에서 시작해서 철강 공장을 일으켰는데, 2,000명 이상이 거기서 일했다. 그는 재산이 어마어마했는데도, 1.5km나 되는 생산라인을 방문할 때마다 수도꼭지가 열려 있는 것을 보면 잠그곤 했다. 비용 때문이 아니라 그가 직접 댐을 만들어서 공장까지 물을 끌어다 썼기 때문이다. 그는 그 고생을 결코 잊을 수 없었던 것이다.

현재 협동조합의 사회학적 현실은 창업자들의 그것과는 거리가 멀다. 많은 회사들에서 구성원의 대다수는 협동조합 '경험'과는 다른 경험을 가진 3세대 내지 4세대 조합원에 속한다. 이들 조합원들이 회의할 때 보면 협동조합 경험에 관한 주제보다는 숫자 경제 측면에 훨씬 많은 시간을 쓰는 것이 보통이다.

그렇지만 급여 삭감이나 출자금에 대한 이자지급 중지처럼, 조합원들의 재정적 희생이 필요한 의사결정을 해야 하는 경우에는 조합원 지위가 중요해진다는 사실은 여전히 변함이 없다.

회사의 지분율은 지역사회 발전에도 매우 중요하다. 협동조합 기업을 지역화할 수 있을 때라야 전체 조합원도 지역화할 수 있게 된다. 세계화된 경제에서 자본은 이동하기 쉽지만 사람은 쉽지 않다. 모회사의 전략팀에서 생산설비의 설치나 재배치를 언제 어디로 할지 결정하여 심각한 사회적 문제를 일으키는 다국적 대기업과는 달리, 협동조합은 지역 커뮤니티의 의견에 영향을 많이 받는다.

비슷한 현상이 스포츠 분야에서도 나타난다. 예를 들면 영국 프리미어리그 축구팀의 경우, 해외 투자가들이 대부분의 자본을 투자하고 있고, 많은 경우 100%나 된다. 그 목표는 당장 눈앞에 보이는 승리이고, 그렇게 함으로써 주식가치를 상승시키는 것이다. 따라서 축구팀은 지역의 스포츠를 활성화하거나 신인을 발굴하는 데 관심을 두지 않게 된다. 축구팀 경영자들은 순전히 상업적인 기준만을 염두에 두고 경영을 한다. 2010년 총선 당시 고든 브라운 수상의 선거 캠페인 가운데 "축구팀을 축구 팬들에게, 지역 커뮤니티와 연결되도록 적어도 지분의 25%는 팬들의 손으로."라는 것이 있었다. 프리미어리그의 구단주들은 이 제안에 반대했지만, 이는 영국 축구계에서 작은 혁명이었고 이 철학은 세계로 퍼져나갔다.

10

경영성과 및 이익에 대한 참여

여러 가지 사안들 가운데 사업계획의 선정만큼이나 조합원들이 회사의 소유자로서 자기 투표권을 가치 있게 여기는 경우는 성과, 특히 이익 분배가 쟁점이 되는 경우다. 그런 경우에 그들의 소속감은 강화되어 대부분의 생산 노동자와 중간 기술자들은 그들이 경영자와 동등한 지위에 있다고까지 느끼게 된다. 비록 어떤 해에는 조합원들에게 배당되는 금액이 얼마 안 되기도 하지만, 언제나 경제적 인센티브는 중요하다.

조합원 총회에 상정된 많은 안건들 중에서 시장에서의 경제적 성과와 관련된 수치들의 경우에는 잘 이해할 수 없는 경우가 많고, 조직도 상의 고위층에서 그 문제들을 고민하고 해결방법을 결정하게 된다. 일반적으로 이사회나 경영진에서 어떤 제안을 하면 보통 이에 대하여 반대하는 표가 몇 % 정도 있게 마련이고, 또 몇 %는 항상 그 제안들을 지지하게 마련이다. 그렇지만 이익 또는 '급여'를 분배하는 것에 대하여 토의할 때면 투표율이 달라진다.

이익의 일부는 개인별로 지급되는데, 이는 조합원들의 출자금 계정으로 들어간다. 이익 배분은 조합원 각자의 그 해 연봉에 기초하여 계산되며, 일정 비율로 정해진다. 몬드라곤 초기에는 거의 모든 협동조합들이 몇 년 동안 '급여의 80%'가 넘는 금액을, 즉 한 조합원이 받는 연봉이 100이라면 80이 넘는 금액을 이익에서 분배받는 성과급으로 받아서 자기의 출자금 계정에 넣었다.

최근의 호황기* 때에도 협동조합들은 많은 성과급을 받았는데, 기본 연봉이 전체 연봉의 70%인 협동조합도 있었다.** 이런 협동조합들은 스페인의 경우 통상적인 12달 급여와 두 번의 추가급여에 더해, 그해의 우수성과에 대한 특별 상여가 지급되었다. 즉, 15번째 추가지급분은 개인 출자금 계정으로 들어가지 않고 현금으로 지급되었다. 경기 호황기에 이리사르Irizar, 라나Lana 고이스페르Goizper 등의 협동조합들이 그러하였다.

그래서 협동조합의 미숙련 노동자들의 급여와, 비슷한 수준의 협동

---

* 　2008년 금융위기 이전의 몇 년간

** 　성과급이 커져서 전체 연간급여에서 기본 연간급여가 차지하는 비중이 70%로 낮아졌다는 의미임.

조합 아닌 기업에서 비슷한 일을 하는 경우를 비교해보면, 협동조합 조합원은 비협동조합의 같은 일을 하는 노동자에 비해 연봉이 거의 두 배에 달했는데, 이런 경우가 흔하였다. 경영자들의 경우는 예외인데, 그들은 특별한 처우를 받았다.*

각 협동조합의 개인 출자금 계정, 즉 조합원이 가입할 때 납입한 출자금과 해마다 분배받은 이익이 쌓인 것은 퇴직할 때까지 받을 수 없고, 다만 매년 이자를 받을 수 있다. 이자율은 당시의 시중은행 금리보다 약간 높은 수준으로 지급되는데, 현재는 약 7.5% 수준으로 세후 6% 정도이다.

'배당률' 개념은 널리 알려진 개념이다. 그래서 노동자들이 회사의 경영진을 평가할 때에 보통 그들이 받은 배당률을 말하곤 한다. 왜냐하면 그 비율이 자기 주머니에 바로 영향을 주기 때문이다. 이익은 세 가지로 나뉘고 보통 조합원은 그중 45%를 받는데, 당해년도에 받은 급여에 비례하여 분배된다.**

당연한 일이지만 협동조합에 손실이 생기면 '차감'을 하게 된다. 손실은 먼저 과거년도에 적립된 임의 적립금에서 충당된다. 임의 적립금으로 손실을 모두 감당할 수 없으면, 개인 출자금 계정에서 손실분이 차감된다.

---

* 즉, 급여연대로 인하여 경영자들은 협동조합 아닌 비슷한 기업의 경우보다 급여를 적게 받았다.
** MCC에 가입하는 협동조합들은 그 가입조건으로 제시된 이익분배 기준을 준수해야 한다.

그런데 조합원이 갖고 있는 출자금 계정 잔액이 '0'인 상황이 있을 수 있다. 울마 제관ULMA Piping의 경우, 1990년대 초 경영위기를 겪으면서 200여 명의 노동자들이 5년 동안 80% 수준의 급여를 받았고, 차감이 계속되어 출자금 계정은 0이 되었다. 그 5년 동안 그들은 경제적으로 회사에 '기부'를 한 셈이다. 그러나 그렇게 한 덕분에 그들은 사업을 계속 유지할 수 있었고, 여러 차례 사업구조와 제품 및 시장의 변화를 꾀한 끝에 마침내 2007년과 2008년에는 매출액 이익률 면에서 몬드라곤 그룹에서 가장 수익성 높은 회사가 되었다.

경영 참여의 측면에서 우리는 협동조합이야말로 자본주의적 경영의 이상적 표준이 될 수 있다고 본다. 피터 드러커, 게리 하멜, 톰 피터스, 로버트 캐플런, 케츠 드 브리스Kets de Vries 등 세계적인 경영의 대가들은 법인 형태가 협동조합이든 주식회사든 상관없이 우수성을 보여주는 여러 회사들에 대하여 말하고 있다. 그러므로 경영 참여 측면에서의 차이점은 사소하거나 없을 수도 있다. 그러나 구조적 특이성을 볼 때, 협동조합에서 일상적으로 보이는 어떤 사소한 특이성에 주목할 필요가 있다.

1. 협동조합에서 경제 및 경영 정보가 공유되는 것은 모든 조합원들에게 매우 중요하다. 전략계획, 경영계획, 경영통제에 대한 정보는 모두에게 열려 있고, 조합원들의 참여가 권장되며, 조합원들은 상황을 이해하고 그들에게 기대되는 일을 알게 된다.

조합원으로서 자기들이 노력한 결과에 대하여 알고 있는 것은 기본적인 의무이다. 이런 정보를 알고 있는 것이 어떤 면에서 왜 중요한가? 스포츠가 좋은 예다. 내 아들은 동네 핸드볼 팀에서 활동하고 있는데, 아들과 동료들은 끊임없이 전자 득점판을 쳐다보며 뛴다. 시간이 얼마나 남았는지, 딴 점수와 내어준 점수가 어떻게 되는지 보는 것이다. 당연하지만 그들은 그때그때 자기들의 성과를 보면서 속도를 높인다든지, 더 열심히 뛴다든지 혹은 전략이나 노력의 강도를 바꾼다든지 하는 것이다. 점수나 남은 시간이 얼마인지 모른다면 이 같은 노력을 할 수 있을까? 경기시간 60분 동안 강도와 흐름을 유지할 수 없을 것이다.

정보 접근성은 모회사인 협동조합에게만 주어지는 것이 아니라 해외의 자회사들에게도 주어진다. 실제로 폴란드에 첫 번째 자회사를 설립했을 때, 노동자들은 경영진이 그들에게도 생산 및 재무 정보를 제공하고, 그들과 경영계획의 월간 진행 상황을 공유하는 것에 깜짝 놀랐다. 노동조합에게 이런 수준의 정보를 공개하는 것이 익숙하지 않은 다른 나라들에서도 마찬가지였다.

2. 경영진 혹은 사장과 노동자들 사이의 위계적 거리가 보통의 경우보다 가깝다. 업무상 또는 개인적인 관계는 사용자 대 노동조합 같은 경직된 모델에서보다 훨씬 더 소탈하다.

3. 동유럽 및 아시아 국가들과 가격 경쟁을 하는 것은 사실상 불가능하며, 요즘 같은 시대에 기업의 노하우는 지식에 있다. 따라서

현대의 경영 기술은 팀워크, 조직계획, 권한의 위임, 융합 프로젝트 등을 강조한다. 일반적으로 이런 점들에서 협동조합들은 성공 경험이 더 풍부하다고 생각한다. 물론 주식회사들도 잘하겠지만 아마도 협동조합만은 못할 것이다.

4. 급여 차이가 적다는 사실은 '상사에 의해 착취당한다'는 느낌을 줄여준다. 이는 노동자들로 하여금 개선을 위한 제안과 경영 참여 및 문제 해결에 더 적극적으로 나설 마음과 의욕을 높이도록 하는 데 도움이 될 것이다.

5. 끝으로 조합원들이 이사회와 사회위원회에 번갈아 참여함으로써 경영 참여도가 높아지고, 임기 후에도 관심을 많이 갖게 된다. 현실적으로 보면 협동조합 민주주의가 허용하는 대로 모든 조합원들이 이사회 구성원이 될 자격을 갖추고 있다고 할 수는 없을 것이다. 조합원들에게 최선의 인물을 선출할 의무가 있다고 하는 것이 좀 더 경영 현실에 맞을 텐데, 왜냐하면 그렇지 않으면 민주적인 역할을 책임 있게 수행할 수 없을 것이기 때문이다.

그러나 민주주의는 그저 어떤 일이 일어나는지 지켜보기만 하는 것이 아니라, 회사의 기구들이 감독과 대의 기능을 잘 수행하도록 모두가 나서야 하는 것이다. 이와 관련하여 많은 경우에 경영자들은 이 문제가 자신들의 책임이 아니라고 생각하는 경향이 있다. 그러나 훌륭한 경영자는 이사회나 사회위원회 같은 기구와 원만하게 일할 뿐 아니라 그 기구를 구성하는 사람들과도 일을 잘 풀어나가야 한다. 경영자는 회의를 통해 쟁점이 되는 사안들을 설명해야 하는데, 이 과정에서 이사회 및 사회위원회 구성원들은 협동조합이 필요로 하는 응집력 있는 의사결정을 내리는 데 필요한 지식을 배우고 얻게 된다.

11

조직에 대한 헌신

이와 관련해서는 두 가지 맥락으로 나누어 살펴보기로 하겠다. 먼저 초기 20년에서 25년까지의 협동조합 경험과 현재 시기로 나누어 살펴보고, 현재 시기를 호황기와 불황기로 나누어 그 의미를 살펴보기로 하자.

창업 초기 단계

몬드라곤 협동조합 기업은 형태상 두 가지 기본적인 성격을 지니고 있다. 먼저 한편으로는 다른 회사들과 마찬가지 법인체인데 다만 다른 규칙과 법적 구조를 가지고 경영된다. 그렇지만 동시에 노동자협동조합으로서 사회적 및 커뮤니티 프로젝트에 대한 사명감을 가지고 있다.

바로 이 점이 스페인과 전 세계의 다른 협동조합들에서도 마찬가지로 핵심적인 점이다. 협동조합들이 이런 법적 구조를 추구하는 기본적인 이유는 그럼으로써 조합원의 이익에 최대한 복무할 수 있기 때문이다.

그런 의미에서 항상 교육 훈련에 중요성을 크게 두었는데, 교육을 시행하는 때는 조합원이 처음 가입할 때, 그리고 조합원이 이사회 구성원으로 처음 선출되었을 때이다. 몬드라곤 초기 10년 동안에는 새로운 조합원을 받을 때마다 이사장이 새 조합원과 함께 자리하여 조합원 계약서에 직접 서명하였으며, 조합 상황에 대하여 설명하고, 새로 조합원이 된 소감이 어떤지, 조합에 대하여 어떻게 생각하는지 등에 대하여 한 시간 정도 대화를 나누었다.

그런데 시간이 흐르면서 협동조합의 메시지 전달은 점점 사무적으로 되어갔고, 전처럼 새로운 조합원이 들어올 때마다 개인별로 전달되지 않았다. 이사회는 임무 수행이라는 기능적 측면에 좀 더 강조점을 두게 되었고, 물론 그것도 중요하지만 사명 측면은 덜 중시하게 되었다.

현재

어떤 사람들은 오늘날 사람들 머리에 떠오르는 협동조합 메시지가 사업 위주로 바뀌었다고 이야기한다. 이런 점은 협동조합 기업 및 협동조합 제도가 풀어야 할 문제이다. 모든 일을 설명하고 모든 의사결정을 합리적으로 하는 것은 중요한 일이다. 가야 할 방향은 이사회에서 제시하고 경영진은 그 메시지를 일관되게 전달해야 한다. 만일 사람들이 진심으로 감동을 받지 않는다면, 그래서 신념을 가지고 실천하지 않는다면 협동조합은 협동조합다움을 잃게 될 것이다.

이런 면에서, 총회와 총회 사전 설명회에서 매출과 시장 및 외상매출금에 대하여 설명을 잘하는 것도 중요하지만, 협동조합 조직에 속한 남녀 조합원들을 둘러싸고 있는 영혼의 깊은 곳도 들여다보아야 할 것이다. 그러는 것이 협동조합다운 메시지를 만들어내고 전하고 받아들이게 하여 지속되게 하는 길이다.

1. 2008년 경제위기 전까지 경제가 호황기일 때 신참이냐 고참이냐에 따라 조합원들의 헌신이 달랐다. 고참들은 아직 협동조합이 중소기업이고 주로 국내시장에서만 영업하던 성장과정을 기억하고 있었으며 협동조합 발전의 공헌자라고 자부하고 있었다.

젊은 사람들은 그들이 보기에 지배구조가 안정되어 있고 상당히 관행대로 움직이는 안정된 그룹사에 일하러 왔다고 생각하는 데 반해 고참들은 훨씬 더 소속감이 컸다. 젊은이들은 대개 직장의 안정성 때문에 협동조합에 들어오려고 하였으며, 협동조합이 현실적으로 좋은 회사이기 때문에 선택한 것이지 사명감이나 협동조합에 대한 호감 때문에 선택한 것은 아니었다.

이런 상황에서 회사의 활성화를 위한 참여는 고참들이 젊은이들보다 많기는 하다. 그렇지만 총회나 이사회, 사회위원회 같은 조직기구에 참여하는 것은 주식회사에서는 볼 수 없는 특별한 일로서가 아니라 일상적인 일로만 여겨졌다. 그래서 근래에는 총회 출석률이 50%에도 미치지 못하는 경우도 있었고, 투표 후에는 자리를 뜨는 사람이 많았다. 왜냐하면 매달 회사에서 경영보고를 했고, 총회 안건은 총회 전에 사전 설명회에서 이미 들은 것인 데다 총회에서 특별히 결정을 하는 것도 아니었고, 사업적 성공은 확실해 보였기 때문이다.

외부 방문자들이 질문을 많이 하는 사항도 중간층의 참여, 근무시간, 결근율, 근무시간 내 혹은 외에 행해지는 교육 훈련에 대한 충실도 등이다. 오늘날 우리가 보기에도 일반적인 정신자세는 회사에 헌신적인 모범과는 거리가 멀다. 예를 들어 현재의 결근율을 30년 전과 비교하거나, 오늘날 협동조합 벤처의 결근율을 폴란드나 체코의 비슷한 회사들과 비교하면 그 차이가 크다. 오늘날의 조합원이 30년 전보다 더 많이 아픈가? 혹은 폴란드 사람보다 더 아픈가?

이런 차이는 두 상황이 개인적인 경제적 향상의 필요도가 다름에서 비롯된다. 오늘날 사회에서의 자원봉사 활동이나 직장 밖에서의 사회참여 활동의 경우에도 마찬가지다. 사람들 안에서 커뮤니티에 대한 헌신에 비해 개인주의가 점점 더 큰 비중을 차지해가고 있는 것이다.

그래서 창업 정신과 초기 협동조합원들의 자취가 희석되어온 것 같다. 현장과 조립라인에 근무하는 상당히 많은 노동자들이 전통적인 주식회사에서처럼 "상급자들, 하급자들" 같은 표현을 흔히 사용하고 있다. 사실상, 휴일이나 휴가 같은 작업 일정에 대한 것이나 이익의 분배 같은 것들을 제외하면, 나머지 투표에 대해서는 조합원들 대부분이 큰 관심을 갖고 있지 않다. 그러므로 참여와 헌신 같은 협동조합 정신을 지니고 있는 조합원은 소수라고 할 수 있다.

2. 요즘과 같은 전 세계적인 경제위기 시기 지금과 같은 때에는 위의 경우와 대조적으로 경제 및 일자리의 곤궁함이 심해짐에 따라 연대의 필요성이 더 커지고 있다.

인터코퍼레이션 구조는 애초에 위기시의 충격을 완화하기 위해 만들어진 것이다. 경영성과의 조합 간 리컨버전(미주 9 참조), 다른 협동조합으로의 조합원 재배치 및 실업기금 등이 있기에 몬드라곤은 이런 제도가 없이 어려움에 빠진 개별 기업들보다 더 좋은 여건에서 새로운 사업을 펼칠 수 있었다. 경제위기 상황에서 사용자와 노조가 협상을 한다면 이는 불가피하게 노동자들을 실업으로 몰아가게 될 것이고, 기껏해야 정부가 자금을 지원하는 실업급여 관련 조건을 두고 협상하는 게 전부일 것이다.

그러나 몬드라곤 협동조합에서는 해결방법이 독특한데, 그룹본부와 개별 협동조합 간에 합의를 통하여 상황에 대처한다.

주목할 점은, 앞에서 언급한 조치들을 다루는 조합원 총회의 경우에는 노동자 조합원들의 참여도가 호황기 총회에 비하여 훨씬 높아져서 출석률이 재적의 80%를 초과하는 경우가 흔하다는 것이다. 뿐만 아니라 총회 참여와 토론이 격렬해져서, 오래된 조합원은 과거의 총회를 떠올리곤 한다. 의사결정이 각 조합원의 호주머니에 직접 영향을 주게 될 때, 조합원들의 의사도 좀 더 분명하게 드러나는 것이다.

12

합의에 따라 일하는 분위기

몬드라곤 그룹에서 행해지는 합의와 협동에 대해 세 가지 수준으로 나누어 살펴보겠다.

1. 개별 협동조합의 내부 운영, 주로 작업 현장과 연계된 수준

몬드라곤 협동조합은 전통적으로 가장 혁신적인 경영방법들을 적용하여왔다. 운영상의 의사결정에 가능한 한 많은 노동자들이 참여하도록 항상 노력하고 있고, 테일러 방식의 조직운영과 피라미드식 조직구조의 결점들을 피하려고 애써왔다. 어떤 직무나 부서들에서는 참여의 정도가 비교적 단순하지만, 노동자들이 직접 제품을 다루는 공정, 조립라인이나 자동화 설비에서는 참여라는 문제가 어려워진다.

일반적으로 생산 공장은 사람과 기계 사이의 상호작용이 다양한 요소들로 결정되는 복잡한 제조 프로세스이며, 그중 중요한 두 요소는 효율성과 생산성이다. 생산 공장에서는 프로세스를 끊임없이 개선하기 위하여 조직을 엔지니어링하는 데 많은 시간을 쓰며, 사람들은 별다른 자율성의 여지 없이 자기 일에 적응해야 한다.

1970년대 중반에 채택한 방법 중 하나는 모든 직무 구성을 풍부하게 하고자 반(半)자율적으로 일하면서 상당한 다양성을 지닌 작업반을 구성한 것이다. 이는 새로운 형태의 노동현장 조직으로서 주로 북유럽과 프랑스의 경영대학원에서 널리 소개되었다.

오늘날에도 10명에서 12명으로 구성되어 다양한 기능을 수행하며 가능한 한 최대의 자율성을 가지고 자기 고유의 생산설비에 따른 기능을 수행하는 작업반 혹은 '미니공장'을 계속 추진하고 있으며, 수평적인 관점을 가지고 참가하는 위원회와 프로젝트 팀을 만들고 있다. 그림으로 표시하면 도표 3과 같다.

베들레헴 코타바리아Bethlehem Kortabarria는 2010년 현재 몬드라곤 그룹의 최고재무책임자CFO로서 그룹 이사회의 유일한 여성 임원이다. 전에 파고르의 사장이었으며, 파고르의 사업들 중 일부는 이와 같은 혼합형 조직 시스템으로 운영되었다. 코타바리아는 "이 조직형태는 사람들이 일에 좀 더 헌신적이고 기여하고 싶도록 하기 위해 고안되었다. 이 혼합형 조직형태*는 사람들에게 참여할 기회와 리더십 및 능력을 발휘할 기회를 줌으로써 사람들에게 동기를 유발한다. 우리의 경우 한 가지 방법은 사회위원회를 통하여 제도적으로 참여하게 하는 것이었다. 또 다른 방법은 그들이 작업하는 프로세스를 통한 것이었다."라

---

* 대부분의 협동조합에서 혼합형으로 일한다. 하나는 부서를 통해 일하는 것이다. 예를 들면 연구개발부서, 마케팅부서, 생산부서, 지원부서 등이다. 각 부서 전문가들은 비슷한 배경과 전문능력을 가지고 있다. 또 하나는 신제품 개발의 경우처럼 프로세스를 통해 일하는 것이다. 이 경우 전문 스태프들은 각각 다른 배경과 전문성을 가진 다른 부서에 속한다. 전문가들은 자기 시간의 50%는 부서원으로서, 나머지 50%는 프로세스 스태프로서 일한다.

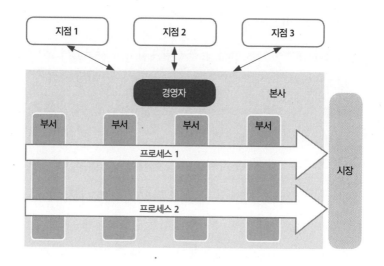

도표 3 : 부서와 프로세스의 혼합 모델(자료 : 저자)

고 강조하였다.

혼합형 조직 시스템은 포괄적이며 항상 고객이라는 변수를 고려하였다. 동시에 일하는 현장 중심 합의의 주된 축으로서 내부 협력 네트워크를 강화하는 것을 목표로 하였다.

2. 협동조합의 내부구조, 총회 및 조직기구들에서의 의사결정에 관련된 수준

조합원 총회에서 조합원들이 승인해야 할, 회사의 기초가 되는 문서들은 다음과 같다.

- 정관, 규약 및 규칙들
- 경영과 관련된 것들, 예를 들면 전략계획서, 연차보고서 및 연간 경영계획서들. 그러므로 투자의사결정, 매출 및 인원 증원 등 회사에 영향을 미치는 사항들은 모든 노동자들에게 공지되고 총회에서 그들의 승인을 받는다.

요즘 같은 경제위기 때에는, 개별 협동조합들에서 시행되는 모든 경영 및 고용 관련 정책들은 각자의 조합원 총회에서 승인받고 있으며, 이사회와 사회위원회 간에 이견이 드러나는 경우도 없다. 게다가 공공 영역에서 협동조합이 하는 일이 사회적 충격을 주는 경우도 없었는데, 시위도 기자회견도 언론 노출도 없었다. 주식회사가 경영상 어려움으로 인해 해고할 경우 정부의 실업 보조금을 받기 위하여 잉여인력 해고를 위한 신청을 하는 것과는 사뭇 다르게, 사회적 합의와 내부적 협력의 분위기 속에 있는 것이다.

협동조합 총회에서 이 같은 민주적 합의를 할 수 있는 이유 가운데 하나는 의심할 여지 없이 조합원 가운데 누구라도 최고 권력기구인 이사회나 사회적 대표기구인 사회위원회의 구성원이 될 수 있기 때문이다.

때때로 선출된 조합원이 이 책임을 맡기 부담스러워하는 경우도 많은데, 이 선출 직무와 관련된 새로운 부담이 자기의 본래 업무에 더해지기 때문이다. 그렇지만 이것은 오늘날 협동조합 가치를 주입하는 거의 유일한 방법이다. 왜냐하면 누군가는 항상 협동조합 개념을 이들 기구에 전달하려고 시도하며, 이들 기구의 구성원으로 선출된 조합원은 협동조합의 사회적 실제를 경험하게 되기 때문이다. 조합원이 이런 사회적 임무를 맡게 되면, 회사가 모두의 공유재산이기 때문에 자기 자신의 것으로 책임져야 한다는 것을 깨닫게 된다.

3. 개별 협동조합들이 그룹*에 소속되어 다른 협동조합들과 힘을 합치기를 원하지만, 각자의 고유성은 잃지 않는 수준

그룹본부는 집중화된 단일 권한을 가진 지주회사가 아니고 개별 기업들이 자기 자신이나 전체를 위해서 시너지를 얻고자 자발적으로 뭉친 개별 기업들의 집단이다. 풀뿌리 협동조합들의 대표자가 협동조합 총회에서 합의를 함으로써 몬드라곤 협동조합 원칙들의 타당성을 강화하는 것이다.

그룹은 특정한 가입조건(미주 1 참조)을 갖춘 풀뿌리 협동조합들이 자발적으로 함께하기를 원해서 뭉친 것이다. 그러므로 각 협동조합은 각자의 조합원 총회에서 탈퇴하기로 결정하면 탈퇴할 권한도 가지고 있다. 그룹은 자유롭게 뭉친 조직이며, 중앙집권화된 조직이 아니다.

사실 그룹에는 일상적으로 매년 새로 들어오는 협동조합도 있고, 때로는 탈퇴하는 조합도 있다. 따라서 모아지는 연차보고서의 수가 매

---

* MCC(Mondragon Cooperative Corporation)

년 늘었다 줄었다 하면서, 내부적 합의를 이끌어가는 것이다.

이런 가입과 탈퇴가 개별 협동조합별로만 생기는 것도 아니다. 예를 들면 1992년 그룹이 처음 생겼을 때, 울마 산업 부문은 몇 가지 이유로 가입하지 않았고, 그 부문의 7개 협동조합은 노동인민금고와 라군 아로는 함께하되 협동조합 총회에는 함께하지 않았다. 몇 년 뒤에는 그들도 그룹에 가입하였고, 지금은 적극적으로 참여하는 부문이 되었다.

또 다른 눈에 띄는 예는 이리사르 협동조합인데, 고급형 버스를 만드는 이 회사는 2000년에 유럽품질경영재단에 의해 유럽 최우수 기업으로 선정되었으며, 전 세계에 걸쳐 3,000명을 고용하고 있었다. 2009년 여름까지는 노동인민금고 및 라군 아로에 속해 있었는데, 기업경영 모델* 실행과 관련한 이견 때문에 암포Ampo 협동조합과 함께 몬드라곤 그룹을 떠났다. 한편 몇 개의 회사들이 GBE-NER(새로운 스타일의 관계)이라 불리는 기업 그룹을 만들었는데, 그 리더는 콜도 사라차가Koldo Saratxaga라는 훌륭한 경영자로서 14년 동안 이리사르의 사장을 역임하였고, 탁월한 경영능력으로 아스투리아스Asturias 상을 수상한 적이 있다. 그러나 이리사르의 이사회는 새로운 그룹에 가입하지 않기로 결정하였다. 이리사르 협동조합이 장기적으로 어떤 길을 갈지에 대해서는 다양한 대안들이 있어 보인다. 그렇지만 분명하게 알 수 있는 것

---

* 몬드라곤 협동조합의 표준화된 기업경영 모델

은 협동조합의 권력은 조합원 총회에 있으며, 무엇보다 중요한 가치 중 하나는 대다수 조합원들에 의해 이루어지는 합의라는 사실이다.

💬 보편 요소

9. 자본에 대한 참여

• 스톡옵션 혹은 지분에 따른 분배
• 지분 비율에 따른 종업원에 대한 배당

10. 경영성과 및 이익에 대한 참여

• 경영성과에 따라 보상을 달리하기
• 의사결정 단위의 분산
• 팀으로 일하기
• 프로젝트 단위로 일하기

11. 조직에 대한 헌신

• 실무 및 경영 정보 공유
• 고객 지향적 팀에서 일하기
• 헌신에 대한 금전적 보상 배제*

---

* 조직에 대한 헌신은 연대와 사명의 정신에서 나오며 이에 대한 보상은 존경이지 돈은 아니라는 의미.

12. 합의에 따라 일하는 분위기

- 참여적 노동방식
- 직무 구성을 풍부하게 하기
- 미니공장

지속적인 학습,
혁신 및 개선

혼자 달리는 말은 그렇게 빨리 가려 하지 않는다.
그러나 다른 말들과 함께 달릴 때는
따라잡고 이기려고 한다.

– 오비도(기원전 1세기 로마의 시인)

13
변화에 대한 적응

협동조합 기업의 특성 가운데 하나는 기술, 경영 및 시장 영역에서 끊임없이 적응하며 변화해가는 능력이다. 해외로 진출할 때도 협동조합은 지역환경과의 협력 속에서 늘 잘 적응해갔다. 이 점을 좀 더 잘 보여주기 위해서, 적응을 위한 수단의 두 가지 사례를 들어보겠다. 바로 열린 혁신^{open innovation}과 3중 추진체^{triple helix}다.

'열린 혁신'과 '3중 추진체'는 기업에서 응용되는 혁신을 최적화하는 수단이다. 그 이론적 모델은, 어디에 있든 기존 자원들을 최적화하는 네트워크 구조처럼 몬드라곤의 산업협동조합들에게 기업가적 혁신의 이론적 기초를 제공한다. 그래서 좀 더 부가가치 높은 새로운 일자리를 역동적으로 창출해내는 데 기여하고 있다.

닫힌 혁신에서 열린 혁신으로

20세기 대부분의 기간에 일반적이었던 닫힌 혁신 개념으로 볼 때에는 대규모의 '연구 개발 및 혁신(R+D+i)' 자금을 지원할 수 있는 기업들이 큰 이익을 내는 신제품 제조 기술을 개발하고, 그 이익의 일부를 다시 연구 개발 및 혁신에 재투자함으로써 경쟁 우위를 누릴 수 있었다. 이 같은 혁신의 수직적 통합은, 이런 수준의 연구활동을 감당할 수 없는 기업은 경쟁에서 뒤처질 수밖에 없음을 의미한다.

그러나 혁신의 새로운 트렌드는 남들의 아이디어와 개발에서 이점을 취하는 열린 혁신과 공동 혁신co-innovation이다. 연구의 성과를 회사 안에 감춰두는 대신 회사 경계를 넘어서도록 하는 열린 혁신의 개념으로는, 그 성과물에 대한 라이선스 비용을 받고 다른 기업에 팔거나 하여 서로가 이득이 되도록 한다. 마찬가지로, 다른 기업이나 기술자 혹은 전문가가 개발한 기술을 적절한 비용을 지불하고 활용할 수도 있다. 전 세계에서 어떤 연구들이 일어나고 있는지를 살펴서 기회를 찾아내고 배워야 할 것이다. 이러한 열린 혁신 개념을 도표로 나타내면 다음과 같다.

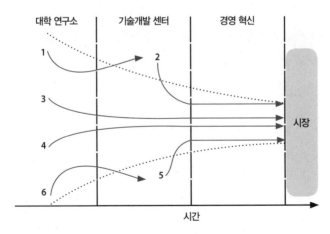

도표 4 : 열린 혁신 모델(자료 : 헨리 체스브로Henry Chesbrough)

열린 혁신의 맥락에서 보면 기업 경쟁력은 제한된 인적자원과 운용할 수 있는 자금을 좀 더 잘 활용하여 혁신 프로젝트의 수를 늘리는 만큼 향상될 것이다. 현재와 같은 치열한 경쟁 환경에서는 핵심 사업과 주변 사업을 구분하는 것이 아주 중요하다. 자신이 가진 창의성과 업무능력만을 가지고 경영하는 것은 기업의 규모나 원가 차이 측면에서 많은 경우 상당한 불이익이 될 것이다.

혁신으로 무장하기 위해서는 각 부문들이 각자의 전략 목표에 주력해야 하는데, 이 목표는 몬드라곤 그룹의 '기업 과학 및 기술 계획 2009~2012년'*에 들어 있다. 그 목표는 혁신적 활동 및 제품을 만들어낼 잠재력이 있는 아주 효과적인 신기술 지식을 이끌어내는 것이다. 이 계획은 5가지의 전략 프로젝트**로 구성되어 있는데, 이는 뒤에 나오는 26번째 열쇠항목에서 자세히 살펴보도록 하겠다.

이 계획들을 수행하기 위해서 회사들이 정부 보조금을 지원받는 등 공동자금을 조달해 전략 프로젝트를 추진하는 것을 장려한다. 이런 프로젝트들은 그룹 내 대학 및 12개 기술연구소들에 의해 진행되기도 하고 직접 혹은 자회사가 국내외의 외부 연구소에 외주를 주어서 추진되기도 한다.

---

* 4년 단위로 수립되며, 현재는 '2013~2016년' 계획이 수립되어 있다.

** 신재생 에너지, 신소재, 보건 및 식품, 컴퓨터 및 정보통신기술, 노인 관련 산업이 몬드라곤 그룹이 전략적으로 추구하는 5대 신사업 분야이다.

지역개발의 3중 추진체

지속가능한 경제발전을 위해 행정당국과 기술센터(대학 및 연구소들), 기업들 사이에 협력이 필요함은 어디서나 자주 나오는 말이지만, 실천이 잘되지는 않는 것 같다. 3중 추진체라는 주제는 오늘날 세계경제의 민관 혼합 체계에서 행정당국, 연구 주체 및 기업들 사이에 구성된 관계망이 지식에 기초한 경제발전의 핵심이라는 데서 나온 말이다. 이것은 복합적인 구조이고 다기능적인 모델로서, 지금까지 각 프로펠러가 각자의 기능만을 추진하던 기능주의적 모델과 대조된다.

오늘날 사회에서 행정당국이나 기술연구소들의 역할은 고정적이거나 정적이지 않다. 왜냐하면 그들이 서로 상호작용하는 가운데 혁신사회다운 모습을 일구고 유지하는 데 필요한 역동적인 힘을 새롭게 만들어내고 있기 때문이다. 사실 혁신은 더 이상 산업계만의 의무로 볼 수

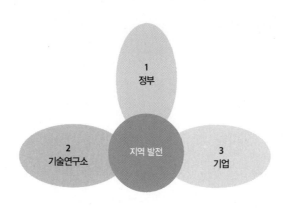

도표 5 : 3중 추진체의 경제발전 모델(자료 : 헨리 에츠코위츠Henry Etzkowitz)

없으며, 혁신의 하위 시스템들에 대하여 말하지 않을 수 없다.

행정당국, 기술센터 및 기업들 사이에 새로운 구조가 형성된 것은 다음과 같은 여러 가지 발전의 결과물이라 할 수 있다.

- 기업들과의 공동 작업을 통한 응용 연구 및 개발을 수행하는 대학 연구실과 기술연구소가 빠르게 성장함.
- 주로 전자 및 컴퓨터 통신 기술의 발전에 힘입어 커뮤니케이션의 새로운 패러다임이 등장함에 따라 여러 조직들 간에 실시간으로 광범한 커뮤니케이션을 할 수 있게 됨.
- 결과적으로 수직적 관계가 수평적 관계로 바뀌면서 학제적인 연구를 지원하는 동시에 관료적이고 위계적인 장벽이 제거됨.

14

지속적인 교육

호세 마리아 신부가 아쉽게도 성공하지 못했던, 아니 적어도 그의 생애 동안 실현되는 것을 보지 못했던 꿈 가운데 하나, 핵심 프로젝트 중 하나는 오냐티에 연방법에 따른 대학교를 설립하는 것이었다.

그가 사회정의에 대한 생각을 가지고 처음 시작한 일은 1941년에 비테리^{Biteri}에 도제학교(직업기술학교)를 세운 것이었다. 그 뒤 이 학교는 살디바르^{Zaldibar}로 옮겨졌다가, 다시 마지막으로 이투리페로 옮겨졌는데, 현재는 대학으로 승격되어 과학기술대학이 되었다. 그의 업무 일정은 항상 이들 학교에 관련된 것이었다. 그는 언제나 교육 훈련에 관여했는데, 다음과 같은 생각이 있었기 때문이다.

"교육 훈련은 사람이 해야 할 가장 중요한 사업이다."

호세 마리아 신부는 직접 도제학교를 설립한 이후에, 세라헤라 유니언에도 도제학교가 있었으므로 둘 사이에 협력을 하려 하였으나 잘 되지 않았다. 해가 지나면서 협동조합 기업들이 안정되어감에 따라 이 학교를 대학으로 승격시키기 위하여 몬드라곤 전 지역에 걸쳐 더 큰일을 도모하였다. 베르가라^{Bergara}에는 알투나 미구엘 직업훈련소를, 오냐티에는 경영학교를 세웠다. 실행 전략은 매우 단순했다. 힘을 합쳐야 할 아이디어가 생겼을 때 그가 먼저 한 일은 기초가 되는 규약을 새로 만드는 것이었고 그러면 일이 시작되었다. 커뮤니티는 함께 사는 것이고 다른 사람들과 어떤 관계를 맺는 것이고, 서로 의사소통하는 것이다. 그가 무언가를 구상할 때에는 그 뿌리에 항상 이런 생각이 있었다.

오냐티에 대학교를 세워야겠다는 그의 생각은 1545년부터 1902년까지 상티 스피리투스 대학교가 오냐티에 있었다는 사실에서 비롯된 것이다. 즉 몬드라곤 계곡 지역에는 중세 이후로 대학의 전통이 있었으므로, 대학 설립 프로젝트는 잃어버린 전통의 한 부분을 되찾는다는 것을 뜻했다. 다음은 호세 마리아 신부의 사상 가운데에서 교육 훈련에 대한 그의 깊은 성찰을 알 수 있는 것들이다.

> "지식을 통하여 권력을 민주화하자."
> "먼저 인간이 되어야 한다. 그리고 나서 협동조합 기업을 만들자."
> "부의 분배는 필요한 일이다. 그렇지만 좀 더 급한 일은 노동을 진실로 인간화할 수 있도록 생각하는 문화의 사회화이다."
> "세상에서 가장 슬픈 이야기가 우리 앞에 있다. … 배우고 훈련받을 기회가 결여되어 있다는 것. 이는 경제적인 불평등보다 더 슬픈 얘기다."
> "기술학교는 계급투쟁이란 생각을 이겨내게 도와서 이 마을을 사회적으로 다시 태어나게 할 것이다."

그렇지만 당시는 독재정치 시절이었고, 바스크 지역에는 대학을 설립할 수 없었다. 그는 그 프로젝트를 포기했다. 1989년에야 스페인 법원은 사립대학법을 공포했다. 그리고 5년이라는 검토 기간을 거쳐서 바스크 지방의회는 1997년에 몬드라곤 대학교의 설립을 승인하였다.

몬드라곤 대학교는 현재 3개의 대학으로 구성되어 있다. 기계·전자 및 컴퓨터 공학으로 전문화된 과학기술대학, 경영대학, 그리고 인문대학으로 5개의 캠퍼스에 약 4,000명의 학생들이 있다. 주요 특징은 다음과 같다.

- 지배구조와 관련하여 학교는 협동조합 법인*이고 사립이며, 비영리이고 공공을 위한 시설이다.
- 성별, 종교, 출신지 및 정치신념과 무관하게 어떤 학생에게나 개방되어 있으며, 협동조합이든 아니든 사기업이든 공기업이든 어떤 기업에나 개방되어 있다.
- 각 단과대학은 혼합형 협동조합으로서 조합원은 교직원들과 등록 중인 학생들, 그리고 협동조합이든 아니든 그 지역에 있는 기업으로서 조합원이 되기를 원하는 기업들로 이루어진다. 이사회는 이 세 종류의 조합원 3분의 1씩으로 구성된다.
- 교원의 전문성은 셋으로 나뉜다. 학생들에 대한 정식 학위과정 교육, 기업인들을 대상으로 한 교육 훈련 그리고 연구이다.
- 예산의 약 50%는 수업료로 감당하고 나머지는 기업체 응용연구나 정부의 보조금으로 충당하고 또 일부는 교육 및 협동조합 진흥기금으로부터 지원받는다.

---

* 현재 몬드라곤 대학교는 4개의 단과대학으로 구성되어 있다. 과학기술대학, 경영대학, 인문대학은 각각 하나의 협동조합이다. 이들은 각각 교직원과 학생 그리고 후원기관들을 조합원으로 하는 혼합형 협동조합이다. 그리고 네 번째 대학인 요리대학(Basque Culinary Center)은 재단법인이다. 이 3개의 협동조합과 한 개의 재단법인이 모여 결성한 2차 협동조합이 몬드라곤 대학교이다.

- 이 대학은 협동조합이든 아니든, 비즈니스 지향적인 대학으로서 일부 학생들은 학업과 일을 병행할 수 있도록 교실수업을 절반만 하기도 한다. "교육은 책에서 배운 것과 실제 생활에서 배운 것이 서로 보완되는 것이다."
- 대학 교원들의 조합적 및 직업적 지위는 산업협동조합 기업의 전문가들 지위와 비슷하다. 급여지수나 근무일수 면에서 비슷한데, 2009년의 경우에 연간 1,715시간 근무했으며, 휴가 등도 비슷하다.

한편 오타로라Otalora 연수원도 주목해야 하는데, 이 연수원은 협동조합의 전문가들 및 경영자들에 대한 재교육을 주로 한다.

끝으로 소개할 것은 그룹의 다른 연수원들이다. 마르키나Markina의 레아 아르티바이Lea Artibai에는 폴리머 전문 공학연수원이 있고, 찬치쿠Txantxiku에 아리스멘디 바스크어학교 같은 대학 신입생을 위한 어학연수원* 등이 있다.

---

* 몬드라곤 대학교의 수업은 주로 스페인어 및 바스크어로 진행되는데, 바스크어가 익숙하지 않은 학생들을 위한 어학연수원이다.

15

기술연구소

제조협동조합을 처음 설립하였을 때, 창업자들은 당시에 그 지역에서 생산되지 않는 제품을 제조하여 판매하기로 결정하였다. 그리하여 기존 기업에게 경쟁자가 되지 않도록 하였다. 또 같은 방식으로 몬드라곤 계곡지역의 산업 분야를 확장하여갔다.

이러한 신제품 논리와, 앞서 설명한 열린 혁신의 철학에 따라서 창업자들 가운데 두 명이 제조특허를 사기 위하여 이탈리아와 독일로 출장을 갔다. 그들은 맨바닥에서 새로 신제품을 개발하는 것은 돈도 많이 들고 오래 걸릴 것이라 여기고, 외국에서 남들이 이미 간 길을 따라가기로 한 것이다.

우리가 이미 살펴본 대로 최초의 산업협동조합은 대단한 성공을 거두었다. 그리고 몇 년 지나지 않아 금융지원기관으로 노동인민금고를, 상호보험회사로 라군 아로를, 그리고 교육훈련센터로 기술학교를 설립하였다. 그렇지만 기술적으로 외국 기업에 의존하는 것은 비용도 문제이지만 자율적인 개발에 한계가 많았다. "기술은 우리가 매일매일 따라잡을 수 없을 만큼 빠른 속도로 진보하고 있다. 이는 우리로 하여금 두 방향으로 노력하도록 이끈다. 첫째는 경쟁력을 갖추기 위하여

연구 개발을 시작하는 것이다. 또 다른 한편으로 우리가 오늘 알고 있는 기술이 낡아서 내일은 쓸 수 없게 돼버려 산업 추세에 뒤처지는 것을 막으려면 평생학습을 도입해야만 한다."

이리하여 기술전문학교의 몇몇 교사들이 연구를 시작하였다. 당시는 기업체들이 자체적으로 연구를 하지 않던 시절이었다. 그래서 초기의 접근방법은 훨씬 앞서 가는 것으로 보이는 독일 프라운호퍼 Fraunhofer*의 운영방식을 따랐다. 노동인민금고가 토지를 제공해 센터를 설립했고, 기술전문학교에서는 교수이자 연구원인 쿠에보 마누엘 Quevo Manuel의 지도하에 20명의 연구원이 참여하였다.

이렇게 설립된 이켈란Ikerlan연구소의 법인 형태는 비영리이고, 두 가지 유형의 조합원(자체 연구원 및 직원들로 구성된 노동자 조합원과 출발 초기부터 창업자들의 권유에 의하여 프로젝트에 참여한 고객 기업들)이 참여하는 혼합형 민간 협동조합이었다. 연구소는 기계, 전자 및 컴퓨터에 전문화되었고, 연구 자원의 30%는 자체적인 연구에 할당되고, 나머지 70%는 기업들과의 계약에 따라 실행되는 개발에 쓰였다.

현재 이켈란 연구소 모델을 따르는 기술연구소가 12개 있고, 연구원은 710명이다. 자세히 살펴보면 다음과 같다.

---

* 프라운호퍼 연구협회는 독일의 연구조직으로 독일 전역에 66개의 연구기관을 두고 있다. 각각의 연구기관은 응용과학 분야를 연구한다는 면에서 기초연구를 주로 하는 막스플랑크 연구소와 대비된다. 연구 자금의 70% 이상은 계약연구, 정부가 스폰서가 된 프로젝트나 산업체가 주문한 연구에서 나오고, 나머지 30% 정도는 기본연구 자금 명목으로 독일의 중앙 및 지방정부가 지원하고 있다.

이켈란 Ikerlan

- 설립자 : 호세 마리아 신부의 아이디어에 따라 설립되었다.
- 조합원 : MCC, 노동인민금고, 파고르, 울마, 몬드라곤 대학교 등 37개 기업
- 전문분야 : 메카트로닉스, 제품개발, 디자인, 제조 및 에너지

MIK

- 설립자 : 몬드라곤 그룹본부
- 조합원 : 몬드라곤 그룹 및 몬드라곤 대학교
- 전문분야 : 기업 및 조직 경영

로르테크 Lortek

- 설립자 : 산업장비 부문 본부와 소속 협동조합들
- 조합원 : 암포[Ampo], 포이암[Poyam], 오르클리, 파고르, 몬드라곤 대학교, 오르베아, 디카르[Dikar], 에레두[Eredu], CAF, 아세랄리아[Aceralia], 고이란 앤 고이에키[Goilan & Goieki] 재단, MCC
- 전문분야 : 연결 기술 프로세스, 비파괴 검사 및 자동화

이데코 Ideko

- 설립자 : 다노밧[Danobat] 공작기계 협동조합의 이사진
- 조합원 : 다노밧, 소랄루세[Soraluce], 공작기계 부문, MCC
- 전문분야 : 공작기계 및 제조기술

MTC

- 설립자 : 마이에르[MAIER]의 이사진

- 조합원 : 마이에르, 마츠 에레카Matz-Erreka, FPK, MCC
- 전문분야 : 자동차용 열가소성 부품, 가전제품 및 전화

AHOTEC

- 설립자 : 파고르 오토메이션의 수치제어 담당 임원들
- 조합원 : 파고르 오토메이션, MCC
- 전문분야 : 자동화설비 및 광학

코니케르 Koniker

- 설립자 : 자동화 및 유틸리티 부문
- 조합원 : 파고르 아라사테, 바츠, 마트리시, 몬드라곤 어셈블리, 오나 프레스, 아우레나크Aurrenak, 로라멘디Loramendi, MCC
- 전문분야 : 금속 성형, 압착, 절단/구멍뚫기, 편평 및 인장 작업

EIC

- 설립자 : 오로나Orona 승강기의 임원들
- 조합원 : 오로나, MCC
- 전문분야 : 케이블 작용 및 도르래, 전자, 소음 및 진동

UPTC

- 설립자 : 울마 패키징의 포장기계 담당 임원들
- 조합원 : 울마 패키징, 울마 핸들링, 울마 그룹, 몬드라곤 대학교, 사이올란Saiolan, MCC
- 전문분야 : 제품 포장 및 보관, 위생설비

에데르테크 Edertek

- 설립자 : 파고르 에델란의 자동차 관련 사업 담당 임원들
- 조합원 : 파고르 에델란, 맙사, 에세나로^{Ecenarro}, 루수리아가$^{V.Luzuriaga}$, MCC
- 전문분야 : 재료, 공정, 제품개발, 금형 디자인

호메테크 Hometek

- 설립자 : 파고르 가전의 임원들
- 조합원 : 파고르 가전, 에데사^{Edesa}, 이바이^{Ibai}, MCC
- 전문분야 : 전자 및 통신, 디자인, 진동 및 음향, 에너지

ISEA

- 설립자 : 경영 컨설팅 회사인 LKS , 엔지니어링 부문
- 조합원 : MISE, LKS, LKS 엔지니어링, 온도안, MSI, 알레코프, MCC
- 전문분야 : 고급 서비스 혁신

이 밖에도 새로 설립된 기술연구소가 두 개 더 있는데, 아직 안정이 되지 않았고 설립 중에 있다.

창업자들도 3중 추진체 모델을 따랐고, 이켈란의 경우도 기업들에게 참여를 요청했을 뿐만 아니라 전략적 동맹자로 여긴 정부에게도 법적, 행정적 및 재정적 지원을 지속적으로 요청하였다. 그러나 정부기관에게 연구소를 위해 권유나 홍보를 해달라고 요구하지도, 필요한 예

산의 100% 모두를 보조금으로 요구하지도 않았다. 경제적으로 의존할 필요도 알았지만, 효과적인 자원관리를 위하여 소유권에 대한 감각을 유지할 줄도 알았던 것이다.

33년 동안 인내와 끈기를 가지고 노력한 결과 구조적으로 상호 의존적인 네트워크를 만들어냈다. 기업들이 두 연구기관인 대학교와 기술연구소를 만들고 거기의 조합원이 된 것이다. 따라서 법인 형태는 혼합형 협동조합으로서 비영리 민간기업이다.

이들 연구기관들은 이들이 생긴 목적인 커뮤니티 지향성을 왜곡할 지도 모르는 특정 개인이나 집단의 의지에 종속되지 않고 지역의 경제·사회적 발전과 기업들을 지원하기 위하여 설립되었다. 그럴 수 있도록 파트너십이 구조적으로 잘 제도화되어 있다.

학생들의 등록금으로는 대학교 예산의 45%만을 충당하므로, 존속하기 위해서는 지속적인 교육과 연구로 수익을 얻어야만 한다. 그 예산은 총회와 이사회에서 기업 조합원들에 의해 승인될 것이다. 기술연구소들도 자금의 30% 정도만 정부기관에서 나오므로, 존속하기 위해서는 기업들이 필요로 하는 프로젝트를 수행하지 않을 수 없다.

3중 추진체 협력의 운영을 그림으로 표현하면 도표 6과 같다.

기업들은 보통 공동 혁신을 추진하거나 개발된 프로토타입의 테스트를 목적으로, 혹은 고객과 시장에 접근하고자 협력을 요청한다. 도표에서 보는 대로 혼자 힘으로 연구, 개발 및 혁신의 성과를 구현해서 대가를 지불해주는 시장에 상품과 서비스를 제공할 수 있는 회사는 아

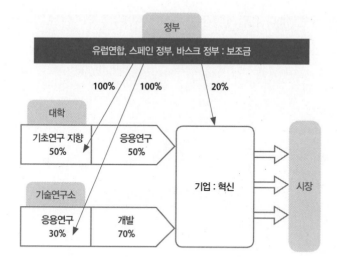

도표 6 : 연구 개발 및 혁신 프로젝트의 정부, 기술연구소, 기업의 협력 모델(자료 : 저자)

마도 '거의 없을 것'이다.

오늘날의 협동조합 모델에서 볼 때, 기업들이 생존과 성장을 위해서는 자기 제품을 시장의 고객에게 파는 것 외에 다른 대안이 없듯이, 기술연구를 하는 기업들도 생존이 협력에 달려 있기 때문에 그들의 기업 고객들과 협력할지 말지를 선택할 입장에 있지 않다.

끝으로 주목할 것은 협동조합이든 아니든 간에 지역의 기업들에게서 가져오는 일감이 계약 개발의 70%가 된다는 점이다. 그 외에도 유럽의 연구 개발 및 혁신(R+D+i) 지원 프로그램에 참여하기도 하고 대학이나 다른 연구소들, 혹은 다른 나라의 기업들과 함께하는 연구 컨소시엄에도 참여한다. 그리고 이켈란 같은 연구소는 미국의 우주연구소인 나사^NASA^나 유럽의 우주연구소인 유럽우주국^ESA^이 요청하는 프로젝트도 수행하고 있다.

16
혁신적인 내부기업가정신

몬드라곤 협동조합에서 항상 변치 않는 점은 사업상의 실용주의이다. 이는 스스로 새로운 제품을 개발하는 역량을 갖추어, 변화하는 시장 수요에 맞추어서 제품과 서비스의 목록을 바꾸어갈 수 있게 한다.

성공적인 기업들은 5년마다 제품과 서비스의 30~50%를 새롭게 내놓는다. 신제품을 만들거나 회사 내부에서 신사업을 펼치거나 하여 더 나은 부가가치를 낳는 제품을 시장에 내놓는 것이다. 이것이 혁신적인 내부기업가정신intra-entrepreneurship, 줄여서 intra-preneurship이며, 세계적인 경쟁력을 갖추기 위한 유일한 방법이다.

창업자들의 초기 업적 가운데 하나는 노동인민금고를 설립하고 이를 성공적으로 안정화한 일이다. 노동인민금고의 사업 분야는 은행국 업무와 기업국 업무, 두 가지로 나뉘어 있었다.

1992년에 그룹 전체의 공동 조정체로서 MCC가 설립되기 전에는, 모든 협동조합들에 관계된 일들 가운데 하나는 노동인민금고의 은행국 업무와 관련된 것이었다. 그렇지만 창업자들은 곧 금융지원만으로는 충분하지 않다는 것을 깨달았다. 그래서 기업국을 확대하여 여러 가지 사업 업무를 지원하고자 변호사, 수출 전문가, 경영위기 및 경영모델 컨설팅 및 신사업 창출을 위한 사업촉진부 등을 두었다. 기업국은 유지되는 동안 활발한 활동을 하였는데, 요약해서 말하면 크게 두 가지의 일을 하였다.

1. 새로운 협동조합을 통해서 고용을 촉진하고자, 몬드라곤 계곡의 마을들에 은행 지점을 새로 설치하였다. 왜냐하면 그 동네에서 이루어진 저축이 주로 그 동네에 부와 고용을 촉진하는 역할을 하리라는 것 때문이었다. 이익이 외부로 빠져나간다는 비난의 요소를 없애는 것이다. 나아가 이는 협동을 강화해가기 위한 좋은 방법이었다. 노동인민금고에 새 예금계좌를 열도록 하는 가장 대표적인 선전문구 중 하나는 "예금이냐, 아니면 이민이냐"*였는데, 이는 마을 주민들에게 고용이 그들의 저축성과 직접 관련되어 있다는 것을 분명히 하는 것이었다. 협동조합을 통해서 일자리가 창출되

---

* 스페인어 원문은 "O libreta, o maleta"로, 직역하면 "예금통장이냐, 아니면 가방이냐."인데, 여기서 가방은 이민가방을 꾸려 외국으로 이민을 간다는 의미로, 일자리가 없어 살 수 없게 되었다는 것을 의미한다.

고, 협동조합이 지역에 뿌리를 두고 있으며, 총회나 이사회가 지역 주민들로 구성되어 있으니 그들이 지역에 우호적인 투자를 결정하리라는 것은 논리적으로 당연한 귀결이었다.

2. 사업 아이디어가 있는 기술 및 경영 분야의 창업자나 개발자를 지원했다. 사업계획서를 만드는 데 도움을 주었는데, 이후 그들이 사업촉진부로부터 합격을 받으면 이는 은행국이 자금을 지원한다는 보증이었다.

1992년부터 사업촉진부의 역할과 조직은 MCC의 본부로 옮겨졌다. 현재는 가라이아 혁신센터에 새로운 창업촉진센터를 세웠는데, 이는 신사업 창업에만 주력하고 있으며, 주로 에너지, 의료 및 건강 분야에 집중하고 있다.

2009년 창업촉진센터에서 시작되어 광기전성 모듈 생산에 전념하고 있는 솔룸Solum이라는 벤처의 설립자이자 전에 파고르 오토메이션의 간부였던 훌렌Julen Busturia은 최근에 이런 말을 하였다.

"오늘날 다른 협동조합의 지원을 받지 않고서 투자가 필요한 신기술에 기반을 둔 새로운 사업체를 시작한다는 것은 생각할 수도 없습니다. 자금 유동성과 브랜드 이미지 면에서 지원이 필수적입니다. 솔룸은 2009년 6월에 30명 가까운 직원을 두고 생산을 시작했는데 성장 전망이 좋습니다."

위에 언급한 가라이아 혁신센터는 그 목적과 사명이 여느 기술지원

센터들과 비슷하다. 즉 신기술 기반 창업을 촉진하는 것이다. 센터는 기술자들과 연구자들이 만나는 장소이며, 거기서 상호작용을 통하여 지식을 만들어내고 시너지를 얻고자 한다. 가라이아 혁신센터는 현재 폴로Polo에 자동차 분야의 기술연구소를 세웠고, 이켈란에 과학기술연구실을 설치하여 10여 개의 회사들이 지식을 공유하고 있다.

혁신기업을 위한 인큐베이팅 센터인 사이올란CEI-Saiolan도 1985년부터 몬드라곤 과학기술대와 협력하고 있다. 사이올란은 첨단산업에서 첨단기술 제품을 가진 새로운 기업들을 위한 지역의 인큐베이터로서, 항상 협동조합들의 지원을 받고 있다. 여기서 새로 창업된 기업들의 다수는 협동조합이 아니었지만, 그런 점이 사이올란이 부와 고용을 창출하도록 돕는 인큐베이팅을 하는 데 장애가 되지는 않았다. 사이올란에 참여하고 있는 협동조합들은 신사업을 추진하기 위해 성공적으로 사내기업가정신을 끌어내었고, 그중 어떤 경우는 몇 년 뒤에 법적으로 독립적인 협동조합이 되기도 하였는데, 울마 폴리머콘크리트ULMA Polymer Concrete가 그런 경우이다.

13. 변화에 대한 적응

- 열린 혁신에 대한 외부 기여
- 기술연구소와 대학을 통한 부가가치 창출
- 정부와의 공동 프로젝트

14. 지속적인 교육

- 대학 이사회에 참여
- 교육 훈련을 위해 공공성 있는 기금에 참여

15. 기술연구소

- 이사회에 참여
- 각 산업 분야 연구소에 조합원으로 참여
- 산업 분야별 연구 개발 및 혁신에 참여

16. 혁신적인 내부기업가정신

- 신제품에 자원 투자
- 창업 인큐베이팅 기관에 참여
- 산업별 클러스터에 참여

연대의 개발

아무도 교향곡을 휘파람 불듯이 혼자 연주할 수는 없다.
교향곡을 연주하려면 교향악단이 필요하다.

– 핼포드 루콕(예일대학 교수)

17

인터코퍼레이션 구축

개별 협동조합은, 개인으로서는 달성할 수 없는 목적을 인터코퍼레이션Inter-Cooperation을 통해 이루기 위해 한 회사에 모여든 사람들로 이루어진다. 이때 투입되는 세 가지 요소는 개인의 돈과 노동 그리고 재능이다.

개별 협동조합이 사람들이 뭉치기 위한 마땅한 도구라면, 그 원칙의 연장선에서 개별 협동조합으로는 달성할 수 없는 목적을 성취하기 위해 인터코퍼레이션하고자 많은 협동조합들이 뭉치는 것은 당연한 논리가 될 것이다.

바로 이 인터코퍼레이션이 몬드라곤 협동조합 경험의 성장에서 가장 근본적인 것이다. 창업자들이 한 일들 중 정말이지 옳은 것 하나는 협동조합을 만들어냄에 있어서 그들이 보여준 상호의존interdependence 감각이다. 창업자들은 현명하게도 이 상호의존이 구조적인 것이어야 하며, 서로 다른 회사들 간의 인터코퍼레이션 구조가 없으면 필요할 때마다 조합원 총회가 결정하는 바에 의존해야 한다는 점을 알았다.

창업자들은 몬드라곤 대학교, 노동인민금고, 라군 아로, 이켈란, 파고르 지역 그룹 같은 협동조합들이 개별 산업협동조합들에게 서비스를 제공하도록 구조적으로 제도화하였는데, 이들은 혼합형 협동조합으로서 거기서 일하는 조합원들 외에 협동조합들이 조합원으로 참여하게 하였다. 유명한 경영학자 피터 드러커가 자주 말했듯이, 최선의 조직구조가 성공적 결과를 보장하는 것은 아니지만 잘못된 구조는 확실히 실패한다.

몬드라곤 그룹에서 뿌리를 내린 기업 모델은 인터코퍼레이션, 다시 말해서 회사들 간의 영구적인 동맹이 지속되도록 보장하는 것이다. 몬드라곤의 협동조합 경험은 분명히 구별되는 두 개의 시기로 나눌 수 있다.

1956년~1991년

금융기관이 생길 때까지, 협동조합 간의 인터코퍼레이션은 비슷한 이상과 목적 아래 암암리에 이루어졌지만 제도적인 공통요소는 없었다. 그러다가 노동인민금고가 만들어져 강력한 역할을 수행했는데, 모든 협동조합이 노동인민금고와 관계를 맺었으며, 그곳하고만 일을 하였다. 그래서 협동조합들은 노동인민금고 안에서, 이미 연계를 갖게 되었다. 산업협동조합들은 필요한 금융지원을 받았고, 노동인민금고는 그 안에 기업국을 설치하여 은행 업무와는 다르게 차별화된 기능들을 수행하였다.

또 몬드라곤 안에 사회보장 업무를 담당하는 라군 아로 협동조합을 설립함으로써 인터코퍼레이션을 위한 두 개의 연결점을 확보했다.

세 번째 주요 도약은 1966년 지역에 기반을 둔 파고르 그룹이 설립된 것이었는데, 이는 몬드라곤 계곡 지역에 있는 산업협동조합들이 결합한 것이었다. 그 후에 연이어서 조금 다른 형태와 발전 수준을 보이는 지역별 그룹들이 생겼는데, 이들은 다음과 같은 분야에서 공동 정책을 실행하였다.

- **인사** : 보상구조, 급여표 등 보상 정책, 건강 및 안전, 기업 내 승진 및 기업 간 재배치
- **재무** : 경영성과의 통합 배분, 자금 관리 및 보증
- **표준** : 정관 및 내부 규정, 매뉴얼 및 규칙
- **사업 운영** : 브랜드 및 카탈로그 관리, 해외 주재원 운영, 베스트 프랙티스의 벤치마킹
- **대리 업무** : 기관이나 합작사 및 자회사 참여

1992년부터 현재까지

1986년 스페인이 유럽연합에 가입하자, 스페인 경제는 급속히 세계화되었고 협동조합 경험의 규모도 커졌다. 따라서 초기의 구조를 유지할지, 아니면 협동조합으로서의 정체성을 잃지 않으면서 다국적 모델로 변화시켜 나갈지에 대한 토론을 벌이게 되었다. 그리하여 제1차 협동조합 총회에서 현재와 같은 몬드라곤 그룹Mondragon Corporation의 설립이 승인되었다. 이 설립의 배경에는 다음과 같은 두 가지 생각이 있었다.

1. **비즈니스 실용주의** : 경제가 세계화됨에 따라 협동조합은 세 가지 요소를 발전시킬 필요가 있었다.
   - 수익성 : 국내외에 투자할 자금을 충분히 만들어내는 회사되기
   - 어떠한 국제 경쟁도 이겨낼 수 있는 높은 기술력
   - 원거리에서 기업 경영하는 방법 익히기
2. **인터코퍼레이션 구조 만들기** : 1970년대 후반의 금융위기로 많은 소규모 은행들이 부도와 파산을 겪자, 스페인 중앙은행은 은행들의 위험성을 관리감독하기 시작하였다. 당시 노동인민금고·는 협동조합들과 집중적으로 거래를 했으므로 위험이 높은 것으로 여겨졌고. 그래서 이를 완화하고자 협동조합이 아닌 다른 기업들과도 거래를 하기 시작하였다.

이런 여건에서 그룹 총회는 새로운 구조를 승인했는데, 노동인민금고는 순수하게 금융 업무만 수행하고, 기업국은 수행하던 업무와 함께 그룹본부로 옮겨지게 되었다. 본부의 주된 기능은 보조성의 원리*에 따라 인터코퍼레이션의 공통요소를 관리하는 것이다. 그리하여 그룹본부가 조정하도록 맡겨진 인터코퍼레이션 업무 분야는 다음과 같다.

---

* 보조성의 원리는 가톨릭 사회교리의 주요 원칙 중 하나로, 개인의 창의와 노력으로 완수될 수 있는 것을 개인에게서 뺏어 사회에게 맡길 수 없는 것처럼, 한층 더 작은 하위의 조직체가 수행할 수 있는 기능과 역할을 더 큰 상위의 집단으로 옮기는 것은 불의이고 중대한 해악이며, 올바른 질서를 교란시키는 것이라는 것이다. 즉, 어떤 과제가 해당 협동조합이 혼자서 할 수 있는 일이면 스스로 하게 하고, 그 과제가 여러 협동조합이 함께해야 할 수 있는 일이면 기업국이 담당하게 하는 것을 말한다.

총무 업무

- 대외관계 관리 업무 : 국내 및 국제 협동조합 조직 및 기관에서의 대표 업무
- 법무 : 정관, 규정 및 업무처리 지침
- 기업 광고 : 브랜드 및 카탈로그 관리
- 홍보 및 언론 : 언론관리

재무관리

- 전략기획 : 업무처리 중재
- 기업자원 : 그룹 자체적인 재무관리 제도 : 재단, 몬드라곤 투자*, SPRI** 등 합작사 참여
- 자금 : 자금관리, 보증, 경영성과 리컨버전
- 리스크 관리
- 경영분석 : 경영계획, 경영통제
- 행정 및 정보 서비스

---

* 몬드라곤 투자는 투자기금 협동조합으로서 첫째, MCC 가입조건에 따라 이익의 10% 출연을 기반으로 한 투자기금으로 조성된 협동조합이다. 둘째, 노동자 없이 기금으로만 구성된 협동조합이다. 셋째, 기금을 납입한 조합들로 이사회를 구성하며, 실무는 MCC 서비스 노동자협동조합에서 담당한다. 넷째, 기금의 역할은 주로 새로운 협동조합 창업 투자, 새로운 사업 개발 투자, 해외진출사업에 투자하는 것이며, 협동조합의 단기 유동성 관리 지원(2010년부터)도 담당하고 있다. 투자를 할 경우에는 투자를 하는 협동조합의 자기자금 60%에 투자기금 협동조합의 투자분 40%로 사업을 진행한다.

** 'Sociedad de Promocion y Reconevrsion Industrial'의 약어로 바스크 정부가 경제, 산업 및 서비스 발전시키기 위해 운영하는 민간기업을 말한다,

사회적 경영

- 사회적 노동관리 : 승진, 잉여인력 재배치, 매뉴얼 및 인사규정
- 경영진 발굴 및 훈련
- 경영 모델 : 베스트 프랙티스 벤치마킹
- 협동조합 정신의 홍보

국제 업무

- 주재원

혁신

- 새 프로젝트 및 신사업 개발
- 연구 개발 및 혁신(R+D+i)의 공동 자원화
- 과학기술계획

끝으로 눈여겨볼 것은 그룹의 12개 산업 부문에서도 각 부문 차원에서 위에 나열한 업무들을 관리하고 있다는 점이다. 이때 지속가능한 경쟁 우위를 차지하기 위하여, 사업상 필요한 기업 간 협력과 파트너십을 강화하는 데에 중점을 둔다. 그 내용은 다음과 같다.

- 고객 혹은 공급자에 대하여 더 나은 협상력을 갖기
- 해외 주재원 및 생산 자회사를 위한 장소 공유

- 부문 내 혁신 및 연구소 관련 협력
- 신제품 및 서비스의 공동개발
- 브랜드 공동관리 및 홍보비용 분담
- 부문 내 베스트 프랙티스 벤치마킹 및 노하우 공유
- 고객 및 소비자와 나눌 수 있는 가치 창출

18
고용에서의 인터코퍼레이션

인터코퍼레이션의 첫째 장은 사람이다. 만약 사람에 대한 존중을 기초로 하는 이 첫 번째 분야가 작동하지 않는다면, 다른 분야, 즉 재무와 제품 혹은 시장 같은 분야에서도 작동하지 못할 것이다.

지역이나 산업에 따른 부문 및 그룹들도 나름대로의 인터코퍼레이션 도구들을 가지고 있지만, 전체적인 수준에서는 라군 아로라는 사회보장 회사가 몬드라곤 초기부터 사람 문제를 주로 담당해왔다.

창업자들은 정부가 사회보장을 위해 거두어가는 자금을 협동조합에서 좀 더 효과적으로 관리할 수 있을 것이라고 판단했다. 그래서 라군 아로를 설립했다. 라군 아로를 통하여 한편으로는 사회보험을 제도화하고 관리하고 보험료를 거두어들였고, 다른 한편으로는 자체적으로 확립한 규칙에 따라 정한 혜택들을 제공하였다. 이 서비스들은 국가가 국민 전체를 위해 만든 사회보장 제도를 여러 면에서 보완한 것이다.

그 핵심적인 기초는, 자기 회사의 협동조합적 발전을 책임지기 위해서는 인건비의 40%에 이를 수도 있는 사회보장 보험료의 지출을 사업을 할 때와 같은 열성을 가지고 관리해야 한다는 점이다.

사회보장에 지출하려고 계획된 비용을 충당하고자 더 가까이서 덜 온정주의적이고 더 철저하게 관리를 했고, 그렇게 함으로써 주로 일시적인 건강 문제나 장애 및 실업 때문에 발생하는 복지혜택을 좀 더 효율적으로 해결할 수 있었다. 또한 국가가 제공하는 사회보장 보험에 더하여 보완적인 연금을 지급하고자 자본을 공동으로 모아서 운영하는 시스템으로 제도화하였다. 그래서 퇴직연금 자격이 안 되거나 배우자만 남은 경우에도 연금 지급이 가능하도록 하는 등 종합적인 연금을 협동조합원들에게 제공할 수 있었다. 이는 사회적 및 재무적으로 큰 의미가 있는 시스템으로, 운용자금이 수백억 유로에 이른다.

고용에 대한 조정 관리는 '라군 아로의 복지 서비스 규정'에 포함되어 있는데, 이것이 무슨 의미이고 구체적으로 어떻게 하는 것인지 그 자세한 실행사항은 '고용지원' 8항에 규정되어 있다. 고용지원에 관한 규정에는 직원 재배치 서비스 이용과, 재배치 관련 비용의 보상을 위한 여러 가지 복지혜택, 실업의 충격을 완화하거나 적절하게 해결하기 위한 사항들이 자세히 규정되어 있다.

자원을 확보하기 위하여, 각 조합원이 내는 월 보험료의 일부가 실업기금인 '고용지원기금'으로 전입되는데, 이는 위기 때에만 사용된다. 이는 자율적인 보장 시스템으로서 국가가 운영하는 사회보장과는 별도의 것이다.

이 기금을 좀 더 적절하게 관리하기 위하여 라군 아로는 각 협동조합의 실업 문제에 처음부터 관여하지는 않는다. 우선 개별 지역 그룹이나 각 산업 부문이 자기들 내부에서 먼저 일이 없는 조합원들을 새 조합원이 필요한 협동조합으로 재배치하고, 라군 아로는 전체 차원에서 각 부문 간에 재배치가 필요한 경우에만 개입한다.

어떤 형태로든 고용지원을 받기 위해서는 그 협동조합의 급여 혹은 지급 수준이 라군 아로가 정한 급여액의 100% 미만이어야 한다. 이 조건은 처음 지원이 시작될 때부터 적용되며, 급여가 100% 수준 이상으로 회복되면 고용지원은 중단된다.

'고용지원'으로 분류되는 경제적 복지는 도표 7과 같다.

하나하나 자세히 살펴보면 다음과 같다.

인력 재배치

몬드라곤 그룹의 특징적인 인터코퍼레이션이다. 1차 협동조합이 모든 조합원에게 제공할 만큼 일자리가 충분하지 않은 경우, 다른 협동조합에게 인터코퍼레이션을 요청한다. 이때 재배치는 연속적인 두 단계로 일어난다. 먼저 협동조합이 속해 있는 지역 그룹이나 산업별 부문 범위에서, 두 번째로 라군 아로와 연결되어 있는 모든 협동조합들의 범위에서. 이 두 단계 사이에 적절한 행정 처리를 위하여 필요한 조정이 있게 된다.

'파고르 그룹의 직무상 이동 및 협동조합 간 재배치 규정'에 나오는 조항을 보면, "직무상 이동은 조합원 본인이 원하지 않는데 한 직무에서 다른 직무로 이동하는 것을 말한다. 이때 조합원은 이 규정에 정의된 절차와 보장 내용에 따라 직장을 이동해서 그 직무 내용이 무엇이든 배정된 직무를 수용해야 한다."라고 되어 있다. 라군 아로의 관련 규정에는 "재배치는 잉여인력이 있는 협동조합과 채용을 해야 하는 협동조합들 간에 이루어진다."로 되어 있다.

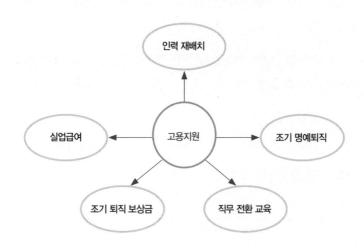

도표 7 : 인터코퍼레이션에 따라 라군 아로가 제공하는 복지(자료 : 저자)

각 단계에서, 구조적 인력 감축을 선언한 협동조합의 잉여인력을
재배치할 때에는, 재배치되는 조합원이 제공되는 직무의 요건을 충족
시키는 경우를 우선으로 한다.

  같은 일자리에 임시 재배치를 하는 최대 기간은 24개월로 정해져
있다. 이 기간이 지나면 인력을 받아들인 협동조합은 그 조합원에게
조합원 지위에 대한 선택권을 주어야 하며, 그 협동조합의 조합원이
되기로 할 경우 그 직무를 계속하게 된다.

  임시 재배치가 라군 아로에 연결된 회사에서 제공되고 일자리가
기존 직장이나 주거지에서 50km 이내의 거리에 있으면, 실업 상황
에 처한 협동조합의 조합원들은 재배치를 의무적으로 수용해야 한다.
50km가 넘는 경우에는 라군 아로 복지위원회의 판단에 따른다.

  재배치 규정은 1980년대 이래 여러 차례 실행을 통해 검증되었고,
이사회와 사회위원회에 의해 검토 및 합의되었다. 개별적인 적용에 있
어서는 각 조합원들과 표준 조건들을 협의한다. 기간은 짧게는 몇 주
에서 2년까지이며, 받아들이는 협동조합의 회사 상황에 따라 여러 가
지 경우가 있게 된다.

  또 주목할 것은 재배치는 조합원에 대해서만 한다는 것이다. 신입
계약은 3년 계약인데, 요즘 같은 경제위기 시기에는 연장되지 않고 끝
나는 경향이 있다.

실업급여

협동조합을 통해서 조합원에게 지급하는 것으로, 실업으로 인해서 발생한 급여 및 수당의 손실을 대신 지급하는 경제적 급여이다.

근무시간 변화*를 추적해 산정하는데, 일하지 않고 지나간 시간을 회복할 수 있는 시한이 지나면 그 일하지 못한 시간들을 계산하여 실업급여를 받아야 할 실질 실업으로 간주하게 된다.

실업급여를 받을 자격은 재배치 가능성이 없게 되거나 근무시간 변화 운영기준에 따르거나 둘 중 어느 한 조건에 해당될 때 생긴다.

실업급여를 받는 기간은 각 협동조합에서 2년 내에 12개월을 초과할 수 없다. 그런데 해당 협동조합의 인력 가운데 25%를 초과한 인원이 실제로 실업상태에 있는 경우에는 기간 제한을 예외적으로 정할 수 있다.

조기 명예퇴직

조기 명예퇴직 규정에 따르는데, 조합원이 다음의 두 요건을 동시에 충족하는 경우이다.

- 구조적 실업(해당 협동조합의 실업 상황이 어떤 시점에 일시적이지 않

---

* 여기서 근무시간 변화란 하루, 주간, 월간 단위로 노동시간이 회사의 필요 작업량 혹은 수주량에 따라 변화하는 것을 의미한다. 많은 경우 매출액은 계절적으로 변동하므로 생산 및 시장의 필요에 따라 노동시간을 조정하게 되는 것이다.

을 때)으로 인한 잉여 조합원의 재배치를 최종적으로 승인하였는데도, 해당 협동조합이 조합 내 특정 부문에서 구조적 실업을 선언하였고 아직 잉여인력 대기자가 있으며 재배치하기가 어려워서 조기 퇴직 외에는 다른 방안이 없는 경우
• 58세에 이른 사람, 혹은 예외적으로는 55세로 라군 아로 이사회에 의해 특별히 승인된 경우, 협동조합이 겪고 있는 특별한 어려움을 감안하여 수급위원회와 협의를 마친 경우

조기 퇴직 보상금

다음 요건들에 동시에 해당되어 협동조합의 공제 보상규정을 충족하는 경우이다.

• 해당 협동조합이 어느 사업 부문에 구조적인 실업이 발생했음을 선언하였고, 아직은 적립금이 있는 경우
• 아직 58세가 되지 않은 경우
• 라군 아로에 보험료를 2년 이상 납부한 경우
• 재배치가 어려울 때
• 아직 실업에는 이르지 않았을 때

만일 조기 퇴직 보상금까지 지급하게 된다면 조합원 계약의 파기와 라군 아로의 파산을 불러올 가능성이 높아지게 될 것이다.

직무 전환 교육

실업이 이미 발생했거나 혹은 실업이 분명히 예상되는 경우에 이를 해결하기 위하여 협동조합이 행하는 특정한 재교육 훈련으로, 정부 및 기타 기관에서 재정 및 보완적 지원, 보조금 등을 받기도 한다.

19

재무적 인터코퍼레이션

몬드라곤 그룹에서 재무 분야의 인터코퍼레이션은 세 단계로 설명할 수 있다.

1959년 노동인민금고 설립에서 1966년 지역 그룹 설립 때까지

처음에 설립된 산업협동조합들은 우수한 경제적 및 고용상의 성과를 이루었는데, 창업자들의 이상은 더 많은 협동조합들을 설립하는 것이었다. 그렇지만 그들은 협동조합 기업들이 거둘 이익이 미래에는 그렇게 대단하지 않을 것이라고 예상했다. 그래서 내부에서 자체적으로 자금을 충분히 조달할 수 없다면 외부 금융에 의존할 수밖에 없게 될 것이라고 생각하였다.

나아가 호세 마리아 신부는 회사들이 저축한 돈을 협동조합 성격의 금융기관으로 흐르게 할 수 있다면 새 협동조합을 설립하는 데 자금 면에서 도움이 될 것이라고 생각하였다. 그는 리더십 특성상, 자기 주변 사람들이 이 점을 이해할 때까지 기다리지 않고 1959년에 금융기관의 설립에 필요한 서류 작업을 혼자서 하였다.

설립 초기에, 노동인민금고는 산업협동조합들에 의지하여 성장하였다. 그렇지만 인터코퍼레이션은 얼마 가지 않아 상호적이 되었다. 예를 들어 1970년대 초의 경제위기 때 협동조합 회사들이 자금 부족을 견디어낸 것은 노동인민금고의 든든한 금융능력 덕분이었다. 시장 금리 이하의 낮은 금리로 협동조합들을 채무로 인한 부도 상태에서 구제하였고, 자유경제로의 이행기에는 협동조합의 낡아진 생산설비들을 대체할 자금을 제공하였다.

노동인민금고는 금융기능에 더하여 수많은 협동조합들을 자기 안에서 연결하여, 그들을 연결하는 핵심 고리가 되었다. 그리하여 바스크 전 지역에서 산업체 고용이 1972년 385,000명에서 1994년 196,000명으로 줄어든 데 반해, 협동조합 그룹의 일자리는 1970년 9,000명에서 1990년 23,000명이 되었는데, 이는 실로 노동인민금고라는 금융기관의 지원 덕분이었다.

그러므로 협동조합의 사업 안정화는 노동인민금고가 중심이 되었기에 가능했던 것이라고 말할 수 있다.

1966년부터 1992년 그룹 구조로 되었을 때까지

재무적 인터코퍼레이션의 요소로 새로 추가된 것은 지역을 중심으로 한 그룹의 결성이었는데, 첫 번째가 파고르 그룹이었다. 계곡을 중심으로 7개의 협동조합이 뭉쳐서 80년대 후반에는 7,000명 이상을 고용하였다. 재무 분야의 인터코퍼레이션은 주로 네 가지로 이루어졌다.

- **성과의 리컨버전** : 각 협동조합 기업의 경제적 이익 혹은 손실은 조합원 수에 따라 나중에 분배할 목적으로 공동 자금으로 간주되었다. 이에는 두 가지 이점이 있다. 먼저 성과가 좋은 회사들은 어려운 회사들을 돕는다. 그리고 남이 아니라 하나의 협동조합에서 일하는 것과 비슷하다는 면에서 공유 프로젝트에 대한 소속감을 증대시킨다. 이런 리컨버전 모델은 1966년에 시작되어 각 소그룹별로 오늘날까지 이어지고 있는데 리컨버전의 범위는 25%에서 100%까지이다.
- **공동 거래** : 수출 및 수입 절차나 구매 프로세스를 함께하여 개별적으로는 확보할 수 없는 거래조건의 개선을 도모한다.
- **대여 및 자금 관리** : 모든 그룹 회사들의 계좌 자금 상황은 은행으로 가기 전에 내부적으로 관리된다. 비슷하게, 대출조건들도 개별 협동조합들이 필요로 하는 것을 합쳐서 그룹 단위에서 협상한다.
- **투자 위험 관리** : 국내든 해외든 위험에 대한 보험은 모두 합쳐서 그룹 차원에서 정리된 조건으로 협상한다.

위에서 말한 재무적 인터코퍼레이션을 보완하기 위하여 그룹본부에서는 재무적 지원을 위한 새로운 도구들을 만들었다.

- **중앙 인터코퍼레이션 기금(FCI)** : '개발 및 국제화 프로젝트'와 '대출 보증 및 손실 보전'을 통해서 협동조합을 강화하는 데 필요한 자금을 조달해 고용 창출을 위한 자원을 공급한다. 2008년에 이 기금은 5,900만 유로가 모였는데, 그중 56%는 사회적 인터코퍼레이션 기금에 출연한 노동인민금고의 기여분이고 나머지는 다른 협동조합들이 출연하였다.

- **교육 및 협동조합 진흥기금(FEPC)** : 교육기관 및 연구소들을 위한 제도적 자금조달로 과학기술계획을 지원한다. 이 기금은 2008년에 1,020만 유로를 출연받았다.

- **기업연대기금(FSC)** : 산업 분야의 협동조합들에서 발생할지도 모르는 손실들을 보전해주고 그 충격을 완화해주는 시스템을 보강함으로써 인터코퍼레이션 지원을 강화한다. 2008년에 470만 유로를 출연받았다.

- **고용지원기금** : 라군 아로가 직접 운영하며, 계절적이든 구조적이든 협동조합 조합원들에게 영향을 미치는 실업 상황에 자금을 지원하는 것이 목적이다.

이 기금들 가운데 앞의 세 개 기금을 관리하기 위하여 그룹은 두 개의 기구를 두고 있다.

■ **몬드라곤 투자**Mondragon Investment : 사업개발 회사로, 그 목적은 개발 및 국제화 프로젝트를 지원하거나 일시적 어려움을 극복하도록 지원하여 협동조합들의 재무 역량을 강화하는 것이다. 중앙 인터코퍼레이션 기금FCI의 개발 및 국제화 프로젝트 부분을 관리한다.

그룹은 투자액 중 일부로 특별한 투자 프로젝트에 참여하기도 하는데, 한 예로 중국의 쿤산에 새로운 산업단지용 땅을 구매한 것을 들 수 있다.

운영 규모(1988~2008년)	
주식투자	321
대출	61
보증	61
총계	**443**

단위 : 백만 유로

자기자본의 증가	
2004	157
2005	184
2006	213
2007	233
2008	257

단위 : 백만 유로

▪ 몬드라곤 재단 Mondragon Foundation : 이 재단은 증여 혹은 비영리 기부금 형태로 그룹의 각종 활동을 지원한다.

몬드라곤 재단의 자금 사용처(1994~2008년)		
	총계	연평균
사업 프로젝트	99.1	6.6
훈련 및 연구 프로젝트	92.5	6.2
총계	**191.6**	**12.8**

단위 : 백만 유로

20
외부기관과의 협력

개별적으로는 불가능할 일을 이루고자 함께 노력하는 일은 협동조합 영역 안에서만으로 한정되는 것은 아니다. 파트너십을 형성하는 전통은 몬드라곤 협동조합 설립 이래 줄곧 그 철학 안에 내재해온 것이다. 이것이 헨리 민츠버그가 실물 경제의 균형 있는 발전의 열쇠 중 하나로 생각한 것으로서, 사적·공적 및 사회적 경제를 균형 있게 만드는 협동인 것이다.

현재 외부의 조직 및 기관들과의 파트너십은 두 단계로 하고 있는데, 그 주요 특징은 다음과 같다.

기업으로서의 운영 및 전략적인 협력

- 몬드라곤 그룹은 기푸스코아 주, 비스카이아Bizkaia 주 및 아라바 Araba 주의 상공회의소 같은 기구에 참여하고 있다.

- 몬드라곤의 각 부문 및 회사들은 공동 이익을 지키기 위하여 바스크 지역 및 스페인의 무역협회와 여러 클러스터 및 도움이 될 만한 전문협회에 가입하고 있다.

- 새로운 기술 및 사업을 위한 협회를 만드는 데 협동조합 기업들은 전통적으로 적극적이었다. 그래서 품질 분야에서 제도적으로 움직일 때에도, 파고르 그룹은 80년대 중반부터 AENOR(스페인의 표준화 협회로서 ISO 8000 품질인증 및 ISO14000 환경인증을 해주는 첫 번째 기구였음)을 설립하는 데 적극 나섰다. 마찬가지로 우수경영을 위한 바스크 재단인 에우스칼릿Euskalit 설립도 적극 추진하였다. 두 경우 모두 이사회의 의장직을 맡아 적극적으로 기여하였다.

- 그룹은 또 여러 정부기구가 조직한 일반 기구나 산업별 포럼에 참여하여 자신들의 노하우를 경제발전, 혁신 및 기업 정책 등에 활용하도록 제공하였다.

- 그룹과 각 부문 및 1차 협동조합들은 수많은 스포츠 활동 및 문화

행사, 예를 들면 비토리아주 바스코니아 시의 농구팀, 산세바스티안 시의 농구팀, 빌바오의 구겐하임 박물관 등을 후원하고 있다.

- 끝으로, 그룹과 각 부문 및 1차 협동조합들은 수많은 국내외의 대학교 및 연구소들과 제휴 및 계약을 맺고 있다.

협동조합으로서의 협력

- 그룹을 통해서 바스크 협동조합연맹 및 스페인의 CEPES 연맹*그리고 기타 산업별 연맹 및 사회적 경제의 여러 기구에 적극적으로 참여하고 있다.

- 2002년에 유럽 협동조합 그룹 연합EACG, European Association of Cooperative Groups의 설립이 추진되었는데, 몬드라곤 그룹은 이 기구의 의장을 맡았다. 여기에는 협동조합 기업 그룹 발렌시아노Valenciano, 이탈리아 협동조합 그룹으로 지노 마르티렐리Gino Martirelli 컨소시엄과 생산노동협동조합 컨소시엄, 프랑스 그룹으로 크레디 쿠페라티브Credit Cooperatif 그룹과 크레디 뮈튜엘Credit Mutuel 그룹이 참여하고 있다.

---

* Confedracion Empresarial Espanola de la Economia Social의 약자로, 스페인 사회적경제기업연합회를 말한다.

보편 요소

17. 인터코퍼레이션 구축

- 공동구매
- 합동 수출입
- 공동 카탈로그
- 공동 연구 개발 및 혁신

18. 고용에서의 인터코퍼레이션

- 산업별 클러스터 내 협력
- 기업 그룹화
- 직무 전환 교육

19. 재무적 인터코퍼레이션

- 상호 지급보증
- 벤처 투자 및 육성

20. 외부기관과의 협력

- 협회 공동 설립
- 상공회의소에 참여
- 공제조합

- 부문별 클러스터에 가입
- 문화 및 자선 조직 후원

성과 지향

사람이 있는 곳 어디에서나
이익을 낼 수 있다.

— 세네카 (1세기 로마의 철학자)

21
사업에 대한 집중

유통협동조합인 에로스키의 설립자이며 2000년대 초 은퇴할 때까지 몬드라곤 그룹^{MCC}의 3대 이사장이었던 안토니오 칸셀로는 "기업계의 어떤 사람들은 사회적 경제는 한계선상에 있는 경제활동에나 적합한 자선사업에 가까운 것이고, 자유시장에서는 경쟁력 있는 회사를 창출해내지 못한다고 생각하더라."라고 하였다. 또한 그는 항상 "우리들 스스로가 사람에 기초한 협동조합 조직이 최선이라고 생각한다면, 우리의 협동조합은 자본의 이익을 위해서 경영되는 우량한 국제적 기업들보다 더 좋을 수 있고 더 좋아져야만 합니다."라고 말하곤 했다.

이런 사고방식을 바탕으로, 에로스키는 스페인에서 가장 큰 유통회사이자 몬드라곤의 일곱 번째 산업협동조합답게, 자유로운 국제시장에서 최고의 세계적 기업들과 경쟁하고 있으며, 가장 경쟁력 있는 다국적 기업들을 고객이자 공급자로 두고 있다.

경제적 효율성은 모든 사업의 핵심요소다. 몬드라곤 협동조합의 창업자들은 처음부터 이 점을 아주 분명히 하였다.

우리는 이미 몬드라곤 성공의 이유들 가운데 하나는 틀을 잘 갖춘 규칙들이었음을 보았다. 사실 모든 규칙들은 효율적인 협동조합에서 일하는 사람들을 위한 것이다. 창업자들은 협동조합을 잘 운영한다는 것은 몇 개의 좋은 법규에 의존하는 것을 넘어서는 것이라는 점을 분명히 하였다. 잘 운영한다는 것은 주로 훌륭한 운전과 훌륭한 방향에 달려 있는 것이다. 그런 까닭에 그들은 민주주의에 대한 재해석을 하였다.

협동조합의 민주주의는 1인 1표로 결정되는 총회를 필두로 한 협동조합의 법적 구조 안에서 행해진다. 그런데 협동조합 민주주의가 경영에도 적용되어야만 할까?

창업자들은 자율적인 지배구조를 위해 최선의 인물을 선택하는 제도로서 민주주의가 작동해야 한다고 이해하였다. 이상을 내세우기 위한 것도, 정치적 혹은 압력 집단이 되기 위한 것도 아니었다. 최선의 사람을 선출하는 것은 기업에 필수적이다. 나머지 사람들은 선출한 사람의 의사결정을 상황에 맞춰 열성적으로 따를 도덕적 의무가 있다. 이것이 "선출된 사람이 경제적 어려움을 극복하고자 상황에 대처해가는 역동적 과정 안에서 효과적인 경영을 수행할 것"이라고 말하는 것이다.

이 같은 경영철학을 바탕으로, 개인 및 전체 조합원의 부담을 완화하는 데 필요한 개선과 재교육을 끊임없이 실행하고, 지역별 그룹과 산업별 부문 및 MCC와의 관계에 맞는 적절한 결사의 절차를 유지해가야 하는 것이다.

첫 번째 협동조합은 처음부터 다음과 같은 기초적인 규칙에 따라 설립되었다. 즉, '사업적인 면에서 협동조합은 시장을 지배하는 게임의 규칙을 지키는 회사이다'라는 것이다. 맞추어야 할 표준이 정해져 있는 것이 아니라 조합원이 원하는 대로 협동조합이 나아갈 길을 선택해가는 것이다. 벨로타* 경기로 비유하자면, 협동조합이 벽과 공을 선택한 것이 아니다. 벽은 원래 그 자리에 있던 것이고 공은 경쟁자들과 마찬가지 상황이다. 잘 튀는 공, 안 튀는 공, 보통인 공. 주어진 공의 조건대로 경기해야 하는 것이다. 창업자들이 협동조합이 하는 사업에 관해 처음 제시한 명제들 중 하나가 이것이다. 효율(효과)성**이라는 기본 전제.

지금 몬드라곤 그룹 리더들의 가장 중요한 관심사는 고용을 유지하는 수단으로서 기업이 생존하는 것이다. 사업이 없으면 협동조합도 없다. 오르마에체아 회장은 자주 말하곤 하였다. "우선 살아남자, 그 후에 철학적으로 고민하자."

몬드라곤이 발전과정에서 취했던 다음과 같은 결정들은 협동조합을 기업으로서 경쟁력 있게 만들려는 궁극적 목적을 담고 있는 것이었으며, 경쟁자들보다 나은 출발점에서 시장으로 가기 위한 것이었다.

---

* 벨로타 경기는 바스크 등 스페인을 중심으로 관련된 전 세계 여러 나라에서 인기 있는 구기 종목으로, 벽면이 있는 코트에서 벽면에 공을 튀기며 하는 스쿼시 비슷한 경기이다. 그런데 어떤 선수에게는 잘 튀는 공, 어떤 선수에게는 안 튀는 공 혹은 중간인 공이 주어져 구질이 서로 다르고 똑같지 않다는 특징이 있다.

** 스페인어로는 eficacia로, 효과라는 의미와 효율이라는 의미를 모두 포함한다.

- 잘 훈련된 전문가들을 양성하기 위한 연수원과 대학 설립
- 기업들의 자금 확보를 원활히 하기 위하여 노동인민금고 설립
- 사회복지를 더 철저한 수익성 기준으로 운영하기 위해 라군 아로 설립
- 제품을 세계적으로 만드는 노하우를 제공하는 기술연구소 설립
- 사업 시너지 창출을 위한 그룹 차원 및 부문별 인터코퍼레이션

22

수익성 원칙

협동조합에 대해 이야기할 때 보면 수익성 결여가 마치 협동조합의 특성인 것처럼 말하는 경우가 아직도 많다. 협동조합 외부 사람들 중에서는 몬드라곤 협동조합이 달성한 경제적 이익에 대해 깜짝 놀라는 사람들도 있다. 마치 협동조합이 되면 주식회사에 비해 더 나은 이익을 달성할 수 없을 것이라고 여기고 있는 듯하다. 왜 더 이익을 낼 수 없단 말인가?

만일 이익이 나지 않는다면, 미래도 없을 것이다. 따라서 우리가 진실로 협동조합 프로젝트에 대하여 고민한다면 이익에 가장 먼저 신경

써야 한다. 수익성은 훌륭한 경영의 결과이며, 생존을 보장하는 핵심이며, 또한 협동조합이 사회적 목적을 지켜나가는 것에 대한 보증도 된다.

중요한 것은 이익의 분배이다. 자본적립을 찬성하는 측과 배당에 찬성하는 측 사이에 딜레마가 있다. 만일 여러분이 장기적인 것을 더 걱정하고 다른 사람들에게 도움이 되도록 협동조합이 지속적인 발전을 해나가는 데 관심이 있다면, 이익을 배당하고 난 후의 적립금이 선배 조합원들에 의해 적립된 비분할 자본적립금을 키워나갈 수 있도록 해야 할 것이다.

시장은 이익을 내기 위하여 경쟁적으로 움직이고 있다. 파고르 협동조합의 세탁기와 냉장고가 100이라는 가격에 판매될 수 있어서 매출이익률을 30% 얻는다는 것은, 스웨덴의 다국적 기업인 일렉트로룩스Electrolux, 독일의 보시 지멘스Bosch-Siemens 혹은 미국의 제너럴일렉트릭GE이 내는 이익만큼, 파고르도 같은 이익을 낼 권리가 있다는 것이다. 오히려 사회정의를 위해서도 그래야 할 의무가 있다고 해야 할 것이다.

이런 의미에서, 세탁기 제조업 시장이 전체 순이익을 100만큼 창출할 수 있다면, 협동조합이 가능한 한 최고의 비율을 차지하는 것이 사회적으로 바람직하다. 왜냐하면 협동조합이 이익 분배를 좀 더 균형있게 하기 때문이다.

마찬가지로, 예를 들면 노동인민금고가 대출이나 보증을 해줄 때 대출조건이 일반은행들과 비슷하다는 점에 대하여 뭐라고 하는 이들이 종종 있다. 그럼 어떻게 하라는 말인가? BBVA나 산탄데르^{Santander}은행* 혹은 시티은행이나 도이치은행이 자금운영을 잘한 결과 자산에 대한 기록적인 이익을 달성하는 것은 합당한 것인 데 반해, 협동조합 금융기관은 그렇게 해서는 안 된다는 말인가?

북미의 서브프라임 모기지로 야기된 금융위기 때 알려진 것처럼 상업은행의 소수 대주주들이 막대한 이익을 올려서 자기들의 개인 재산을 늘리는 것은 평범한 사실로 받아들여진다. 높은 단기이익률은 훌륭한 경영의 표시처럼 여겨졌다. 이런 결과가 이익을 좀 더 사회적으로 사용하는 협동조합에서 나온 것이었다면 어땠을까? 어떤 사람들에게는 단기이익 추구가 남용으로 보였을 것이고, 설명을 요구했을 것이다.

미국과 유럽 은행들의 금융위기 때, 일부 금융 전문기자들 말고는 아무도 그들을 심각하게 비난하지도 그들의 옷을 찢지도 않았다. 게다가 정부는 금융 네트워크를 유지하기 위하여 공적 자금을 가지고 지원하러 와서 수십억 달러 혹은 유로어치의 악성자산을 사주었다. 그리고 동시에 은행의 경영진들은 수백만 달러 또는 유로의 보너스나 퇴직 위로금으로 자기 주머니를 채웠다.

어떤 사업이든 급여 및 물대를 지급하고, 감가상각비와 자본에 필

---

* 두 은행은 스페인의 대표적인 시중은행들이다.

요한 합리적인 경제적 이익을 취하는 것은 사회적인 문제가 아니다. 사업에 참여하고 있는 자는 누구나 투자한 자산과 감당하고 있는 위험에 대한 대가로 합리적인 보상을 받아야만 한다. 이에 더하여서, 새로운 투자를 해서 미래를 확보하려면 더 큰 이익을 얻어야 한다.

몬드라곤 협동조합 기업들도 시작 때부터 지금까지 경영에 직접 관련되어 있는 모든 사람들은 수익성의 원칙을 항상 마음에 품어왔다. 돈을 까먹는 회사는 문을 닫아야 한다. 자기 분야에서 경쟁자보다 적게 버는 회사는 미래가 매우 힘들 것이다. 우리는 적어도 경쟁자만큼 알차고 경상적이고 지속가능한 성과를 이루어내야 한다. 만일 우리가 사람을 기본으로 하는 이 시스템의 선량함을 진정으로 믿는다면, 주식회사보다 이익을 더 많이 내야 하는 것이다.

이 이론을 말하는 것은 쉽다. 그러나 오늘날의 세계화된 환경에서 실제 사업에서 이 이론을 실천하는 것은 훨씬 어려운 일이다. 아주 많은 외부 요인들이 최종 성과를 좌우하기 때문이다.

23

중심축으로서의 노동

바스크에서 전통적으로 전형적인 사업가의 특징은 이렇다. 열심히 일하고, 절제하며, 과묵하고, 말한 대로 실행하는 사람이다. 아무튼 노동자들도 모두 그랬다. 이런 점들이 산악지형이어서 천연자원이 부족하고 교통·통신이 미비한 점들을 보완하였다.

호세 마리아 신부는 특히 노동자 관점에서 이 특징에 주목했다. 그가 젊은 창업자들을 찾을 때 이러한 모델을 염두에 두고, 사람을 품격 있게 만드는 일자리*를 통한 사회정의라는 관점에서 사람을 찾은 것이었다. 그는 신학적 관점에서 노동의 가치를 새겨 넣으려고 하였다. 그에게는 노동이 특별한 의미를 지니고 있었다. 당시 교회 일각에서는 노동을 하느님이 주신 벌이라고 가르쳤기 때문인데, 그는 이를 못마땅하게 여겼다. 그는 말하길, 노동은 사회를 변혁하는 유일한 매개이며, 프롤레타리아 및 노동자를 향상시키는 유일한 방법이라고 하였다.

창업자들이 호세 마리아 신부의 태도에 대하여 공통되게 말하는 것

---

* 스페인어로는 trabajo인데, 영어로는 work로 흔히 번역된다. 우리말로는 문맥에 따라 일, 노동, 일자리 등으로 번역하였다.

중 하나는 그가 노동에 대해 적극적인 태도를 지녔으며, 항상 스스로 모범을 보임으로써 이를 웅변했다는 점이다. 창업자들이 주식회사인 세라헤라 유니언에서 일하기 시작한 시절에는 노동자들이 휴가도 없이 일주일에 6일씩 일했다. 당시는 전쟁 중이었으며 많은 가족이 굶주림에 시달렸다. 그러므로 지금처럼 자녀수도 적고 비교적 풍요로운 가족 상황과 비교하기는 어려울 것이다.

협동조합을 설립한 첫해에, 노동시간은 연 2,744시간으로 주에 5일은 9시간 45분씩, 그리고 토요일에는 8시간을 일하였다. 당시로는 사회적으로 앞장서서 7일의 휴가를 주었다. 1960년대에는 '영국식 안식'이란 유명한 모델에 따라 토요일 오후 휴무가 채택되었다. 1970년대에는 토요일 휴무가 시작되었다. 현재는 야금업의 경우 연간 노동시간은 1,715시간이고 대체로 하루 8시간 근무에 1년에 한 달의 유급휴가가 주어진다.

전반적인 노동시간은 협동조합도 비협동조합 분야와 같은 속도로 변해왔는데, 사회적 성취의 대부분은 적게 일하고 급여는 올라가는 것으로 구현되었다.

노동시간이 줄어드는 추세는 현재 주춤하는 상황인데, 그 배경은 세계적 제품을 생산하는 업체들이 중국 및 동남아국가에서 수입되는 제품과 경쟁하는 데 커다란 어려움을 겪고 있기 때문이다. 관리 및 서비스 분야는 노동일수가 줄어드는 추세에 있는데, 이는 제조업 분야로서는 어려운 일이다. 지금 같은 세계적인 경제위기 시대에 일자리 자체가 줄어드는 여건에서 노동일수를 줄이는 것은 경제적으로 가능해 보이지 않기 때문이다.

연간 노동일수 외에 생각해야 할 두 번째 요소는 사회(연금)보험에 대한 기여 연수이다. 즉, 얼마나 젊을 때부터 일을 시작하고 몇 살 때 은퇴하느냐 하는 문제이다.

첫 번째 협동조합이 설립되었을 때는 학교에 다니지 않는 젊은이들은 14세에 일을 시작했고, 산업체 병행과정으로 공부하는 사람들은 16세에서 18세에 일을 시작하였다. 현재는 대학 졸업자가 급격하게 늘어나 일을 시작하는 평균 나이가 22세이다.

게다가 협동조합의 실제 은퇴연령이 초기의 65세에서 현재는 60세로 내려갔고 경제위기로 인한 조기 퇴직시에는 59세나 58세이다. 더욱이 기대수명이 평균 72세에서 80세로 올라간 것도 고려해야 한다.

일하는 햇수와 연금 수급자로 보내는 햇수를 계산해보면, 초기 협동조합은 연금 수급기간 7년에 일하는 기간이 47년이었으나, 이제는 연금 수급기간 22년에 일하는 기간 37년인 것이다.

1990년대 초에 MCC의 부이사장이었던 하비에르 몽겔로스^{Javier} ^{Mongelos}가 말하길 회사는 "목초지에 있는 것과 같다."고 하였다.* 즉 협동조합 기업도 그 지역의 협동조합이 아닌 기업들과 마찬가지의 사

---

* 이리사르 교수는 몽겔로스 부이사장에게서 이 말을 여러 번 들었다고 한다. 즉 목초지가 좋고 풍부하면 우유도 품질이 좋고 양도 풍부해진다는 것이다. 마찬가지로 어떤 지역과 국가에 위치해 있느냐에 따라 원가, 급여, 법률 등의 면에서 사업의 경제적 특성이 좌우된다는 말이다.

회·노동 조건을 가지고 있다. 그러므로 급여라든지 여타의 사회적 및 경제적 변수는 비슷하다는 것이다. 이 말은 이사회가 아무리 협동조합적 자부심을 가지고 일자리 유지를 중시한다 할지라도 운용 및 선택의 여지는 제한되어 있다는 것을 뜻한다.

24

급여의 사회적 균형 추구

최근에 항공 및 자동차 산업 위기가 전 세계 모든 운송업체 및 제조업체를 덮쳤을 때, 최고의 국제적 경영대학원에서 여러 기업들이 채택한 다양한 대응전략에 대하여 사례를 분석하였다.

그 분석 가운데 하나가 유명한 경영학 잡지인 〈하버드 비즈니스 리뷰〉에 실렸는데, 일본항공JAL의 CEO인 하루카 니시마츠와 미국 유나이티드항공United Airline의 CEO인 글렌 틸튼이 각자의 회사에 끼친 영향을 비교하는 논문이었다.

CNN과의 인터뷰에서 니시마츠는 2008년에 자기 회사의 베테랑 조종사 급여보다 적은 9만 달러를 받았다고 말했다. 그뿐만 아니라 출근도 시내버스로 하고, 식사도 회사 구내식당에서 다른 직원들과 마찬가지로 요금을 내고 식판을 들고 줄을 서서 식사를 한다고 했다. 그는 긴축과 지출축소를 요구하려면 개인이 윤리적 행동으로 솔선해야만 한다고 생각했는데, 그래서 그의 말은 믿음직했다. 그는 직원들로부터 개선 제안을 11,596개나 받았는데, 그들은 니시마츠가 자기 개인의 급여보다는 직원들의 급여에 더 관심을 두고 있다고 진실로 믿었던 것이다.

한편, 글렌 틸튼은 급여로 170만 달러를, 그리고 덧붙여서 주식 보너스로 3,800만 달러를 받았다. 경제위기에 대응하기 위하여 유나이티드항공은 첫째 짐가방에 15달러, 둘째 짐가방에 25달러의 요금을 부과하기로 결정했다. 그리고 기내에서 제공되는 모든 음료 및 기내식 서비스를 유료로 전환하였다. 게다가 유나이티드항공은 "종업원들이 불친절하고 세심하지 못하며 음식과 기내 서비스가 좋지 않고, 항공 지연시에 승객 대응을 잘하지 못한다."는 등 고객 불만이 더 많았다.

오늘날에는 이와 비슷한 사례들이 많다. 다국적 보험회사인 AIG는 정부로부터 시민의 세금에서 1,830억 달러를 지원받고 2009년 3월 문을 닫았다. 그런데도 런던에 있는 간부들 400명에게 개인 목표달성 보너스로 1억 6,500만 달러를 지급했다. 마찬가지로 월가의 은행가들은 2008년에 보너스로 200억 달러나 지급받았는데, 정부는 공적 자금으로 구제금융을 제공하였다.

어떤 문화나 회사, 환경에서도 이해될 수 있는 보편적 가치를 보여주기 위해 몇 개의 사례를 들었다. 어떤 것이 윤리적 리더십이고 어떤 것이 아닌지를 알기 위해 협동조합과 사회적 경제를 언급할 필요도 없을 것이다.

몬드라곤 그룹에서 뚜렷하게 드러나는 몇 가지 특징을 들자면, 가장 대표적인 것이 급여지수 범위^{salary scale}인데, 초기에는 1:3이었다. 이것은 그 회사의 가장 낮은 급여가 1일 때 가장 많은 급여를 받는 사장 혹은 CEO가 3을 받고 있다는 뜻이다. 이에 대한 철학적 근거는 다음과 같다.

> "협동조합 조합원에 대한 경제적 보상은 협동조합의 경쟁력 있는 발전, 노동생산성의 지속적인 개선과 확장을 위하여 인간적 연대에 필요한 수준으로 한다."

1:3의 비율은 15년간 유지되다가 나중에 1:4.5로 확대되었다. 현재는 협동조합 기업들마다 조금씩 다른데, 가장 큰 격차는 1:12 정도인 것으로 알고 있고, 일부 협동조합은 1:4.5로 작기도 하다. 이러한 급여지수 범위의 구성을 이해하기 쉽도록 파고르 가전^{Fagor Appliances}의 조립라인에서 25년 동안 근무한 조합원의 예를 들어보면 다음과 같이 지수가 구성된다.

직무의 구조지수 ······························· 1.20
직무 수행 노동자의 기능지수 ·················· 0.20

25년 근무 연공지수 ·································· 0.25
• 노동 지수 합계 ·································· 1.65

　노동자협동조합에서 채용시 지수를 산정할 때에 성, 출신지 혹은 다른 개인적 요소에 따른 차별은 결코 없다. 그리고 표준 기능지수를 얻기 위해 직무에 따라 보통 6개월에서 2년 정도의 수습기간이 있다. 또 하나 주목할 것은 10~12명으로 구성된 조립 작업의 경우에 업무에 따라 매일 혹은 주간 단위로 업무 순환을 하는데, 이를 통해 일의 범위와 내용을 폭넓게 하고자 하는 것이다.

　기준이 되는 자격을 예를 들어보자면, 기계나 전자 정비 관련 기술의 표준 직무 구조지수는 높은 수준의 전문적인 교육 훈련 모듈, 다시 말해 학사학위와 2년의 경력이 필요하며, 구조지수는 1.6이 된다. 경영 훈련과 학위가 필요한 회계팀장 직무의 경우 학사학위와 5년 경력이 필요하며, 구조지수는 2.2가 된다.

　2009년 12월 31일 기준으로 급여지수의 범위에 따른 조합원 분포를 보면 다음과 같다.

　　~ 1.19 ······································· 17%
　1.20~1.49 ······································· 12%
　1.50~1.99 ······································· 33%
　2.00~2.49 ······································· 22%

2.50~3.49	12%
+ 3.50	3%

낮은 지수에 대한 급여액은 그 협동조합과 같은 산업 혹은 같은 지역에 있는 노동자들의 급여와 비교하여 비슷하게 정해진다. 이런 방식은 2.5 정도까지 적용된다. 그러므로 협동조합에서 절대다수는 비협동조합 기업의 급여와 비슷하거나 같은 수준에 있다고 할 수 있다. 따라서 급여연대는 높은 지수에만 요구된다고 하겠다.

이는 앞서 예를 든 일본항공과 유나이티드항공의 경우에도 비슷하다. 양사의 조종사들은 비슷한 급여와 근무조건에서 일하는데, 이는 양사의 노동조합이 책임지고 보장받으려는 것이다. 물론 훌륭한 경영자와 전문가들이 자의로 협동조합을 떠난 경우를 우리는 많이 알고 있다. 어떤 사람은 경쟁관계에 있는 회사로 옮겨갔고, 또 어떤 사람은 다른 산업 분야로 옮겨갔으며, 또 어떤 사람들은 스스로 창업자가 되어 자기 회사를 차렸다.

자발적으로 이직을 한 모든 경우에, 주어진 사업 프로젝트가 주요 동기였지 급여를 적게 받는 경제적 희생이 동기는 아니라고들 한다. 공개적으로 말하기도 하고 또 하지 않는 경우도 있지만, 실제로 그들은 이직 후에 모두 돈을 더 많이 번다. 이는 너무나 당연한 일이다.

이 점을 설명하기 위해 2,000명 이상을 고용한 한 협동조합의 예를 들어보겠다. 이 협동조합은 2008년 금융위기가 올 때까지 10년 넘게 탁월한 경영 실적과 고용 창출을 이룬 협동조합이다. 4년 전 조합원 총회는 급여지수 범위를 1:4.5에서 확대하지 않기로 결정하였고, 이에 따라 협동조합에서 20년 이상을 훌륭하게 일해 온 사업대표는 회사를 떠나기로 결심하였다. 이 자리는 판매본부장이 승진하여 대신하였는데 2년 만에 그도 떠났다. 그래서 그 자리는 CFO가 대신하게 되었는데, 그가 승진하여 지금 사업대표로 있다.

총회에서 급여지수 범위를 확대하는 데 반대투표를 한 조합원들은 4.5면 충분하다고 거듭 주장한다. 심지어 이를 더 낮추려고까지 한다. 그들이 이렇게 주장할 때, 그들은 자기들이 사업대표보다 적게 받는다는 말만 하고 사업대표가 비협동조합 기업의 비슷한 전문직에 비해 적게 받는다는 사실은 들으려고 하지 않으며, 같은 분야보다 적게 지급하는 문제에 대하여 타협하려 하지 않는다. 이런 상황에서는 사업대표가, 더 작거나 비슷한 규모의 기업인데 5 내지 10을 받는 다른 기업의 경영자들과 사업상 미팅을 갖다 보면 사기가 떨어지는 것이 어쩌면 당연한 일인 것이다.

이런데도 협동조합 '경험'이 계속 성장하려면 어떻게 해야 할까?

이 책에서 우리는 32가지의 열쇠를 밝히고 있는데, 이 급여 문제는 네 번째 열쇠에 나오는 '현재 경영자들의 공유 프로젝트'로 해결할 수밖에 없다고 본다. "서로 협력하는 사업 모델을 만드는 사업계획의 중요성에 주목할 때에, 경영진을 구성하기에 충분한 수의 훌륭한 경영자 및 전문가들이 협동조합에 남도록 동기부여하는 그런 협동조합이 가능하리라는 것이다."

또 다른 중요한 문제는 급여지수 범위와 관련해서 그룹 차원에서 더 큰 융통성을 발휘할 방안을 찾는 것이다. 그리하여 어떻게 하면 일부 직무를 담당한 사람들, 특히 경험 많은 경영자나 영업 인력들에게서 터져 나오는 불평의 씨앗을 줄일 수 있을까 하는 점이다.

경제위기 시기에는 실적이 나쁘니까 급여를 많이 받을 수 없다는 것이 쉽게 이해된다. 그러나 호황기에는 대부분의 경영자들 입장에서는 실적이 우수한데도 급여가 낮은 것을 이해하기 힘들어하는 것이다.

현재의 현실을 보자면, 협동조합 경험의 발전상황으로 보건대, 경영자와 전문가들을 내부에서 양성해내는 구조적 시스템이 현재의 성과를 달성하는 데 충분하였음을 보여주고 있다. 그리고 대부분의 사람들이 현재 상황에 만족하고 있다.

보편 요소

21. 사업에 대한 집중

• 경영 효율성(효과성)

• 회사의 존속 우선

22. 수익성 원칙

• 적어도 경쟁자보다 더 벌기

• 단기와 장기적 관점의 균형

23. 중심축으로서의 노동

• 솔선 경영

• 품위라는 가치로서의 노동 우선

24. 급여의 사회적 균형 추구

• 합리적인 급여 분포

• 주변의 급여수준 참조

• 공유 프로젝트 우선

고객 지향

운명이 카드를 뒤섞는다.
그러나 게임을 하는 것은 우리다.

– 윌리엄 셰익스피어(16세기 영국의 극작가)

25

고객의 욕구 충족

어떤 형태의 사기업이라도 그 존립은 그들의 제품 및 서비스를 사줄 고객에 달려 있다. 협동조합의 경영자 및 직원들은 조합원으로서 단기적으로뿐 아니라 장기적으로도 매출 목표에 주목하게 되는데, 이는 회사가 그들의 것이고 살아남아야 하기 때문이다. 그렇기에 비록 상업적 관점으로 볼 때는 다른 회사의 경영자들보다 분명 덜 공격적이긴 하지만, 그들도 프라할라드의 금언에 주목하게 된다.

"고객을 맘대로 조종하려고 들지 말라."

사업적 관점에서 몬드라곤 그룹은 항상 벤치마킹을 실천해왔다. 그래서 각 협동조합들은 자기 분야에서 가장 우수한 기업의 매출이나 실적 등을 자기 일의 달성 기준으로 삼아왔다. 이 지점에서 사회적 경제 영역에 속하는 기업으로서 두 번째 금언을 따르게 된다.

"먼저 효율적인 기업이 되어야 한다. 그러고 나서 협동조합이다. 거꾸로 되면 안 된다."

우리가 진심으로 협동조합 기업 모델이 더 좋다고 믿는다면, 협동조합 기업이 어떤 산업 분야에서든지 더 효율적이어야 말이 되는 것이다.

이를 위해 무엇보다 중요한 척도는 매출액이다. 흑자든 적자든 손익계산서의 첫째 줄은 매출액이다. 그런 후에 그에 따른 원가들이 차감되어 그 결과로 매출이익이 나오고, 여기서 일반관리비 등이 공제되면 최종 성과가 나온다. 이 모든 과정의 출발은 매출이며, 당연한 말이지만 고객들이 우리가 제공하는 제품이나 서비스를 구매하거나 대가를 지불하고 이용한 결과이다.

이 지점에서 일반적인 고객 및 시장은 오직 품질-가격-서비스라는 삼항식 관계만을 중요하게 생각한다.

어떤 사람이 가게에서 세탁기를 사려고 하는데 6개의 브랜드가 있다고 하자. 만일 파고르 브랜드가 협동조합에서 만든 것이라는 사실이 이점이 될 것이라고 생각한다면 이는 착각이다. 전혀 그렇지 않다. 고객은 항상 위에 말한 세 변수의 측면에서 더 나은 결과를 제공하는 브랜드를 살 것이다.

이런 현실 자각이 언제나 몬드라곤 협동조합 기업 경영자들의 마음에 실용주의와 함께 크게 자리 잡고 있어왔다. 또한 직원들이 행복하게 일할 때에, 자기 욕구를 충족시키고자 하는 고객들을 더 잘 모시리라는 사실도 마음 안에 함께 있었다.

몬드라곤 그룹의 각 부문은, 자유시장의 철학 아래 서로 다른 고객들을 모시고 있다. 협동조합이기 때문에 유리한 것도 없고, 또 어떤 종류의 차별도 없다는 것이다. 간단하게 보면 다음과 같다.

1. **금융 부문** : 노동인민금고와 라군 아로의 고객들은 개인과 법인으로 나눌 수 있고, 각기 그 안에서 표준 세부 분야로 구분되는데, 예를 들면 특히 청년 구좌, 대형 구좌 등이다.

2. **유통 부문** : 에로스키는 이 분야에서 소비자 중심주의의 개척자이다. 고객들에게 다양한 교육과정, 강좌 및 소비자 잡지 등을 제공하고 있다. 또한 충성고객 정책으로 소비자 조합원들의 의견을 반영하고 있다.

3. **지식 부문** : 교육기관은 학생에서 기업까지 고객으로 모시고 있고, 평생학습과 혁신 프로젝트라는 이중의 역할을 하고 있다. 연구소들의 고객은 경우에 따라 기업 혹은 정부기관이 된다.

4. **산업 부문** : 고객을 두 종류로 나눈다. 1) 자기 제품에 사용하고자 부품이나 제조공정용 기계를 구매하는 기업들, 2) 완제품을 구매하는 최종 소비자들

회사의 효율성 혹은 제품 및 서비스에 대한 고객 수용도를 분석할 때 여러 가지 지표들이 있겠지만, 가장 중요한 것은 매출액의 성장이다. 그렇지만 매출의 지속성을 보장하는 다른 지표들이 있는데, 품질이나 경영의 우수성에 대한 인증이나 수상 실적 같은 것들이다. 몬드라곤 협동조합들은 평가받는 데에 익숙하며, 스페인 및 유럽 수준에서 중요한 상들을 여러 차례 수상하였다. 예를 들면 다음과 같다.

- 유럽 품질경영재단^{EFQM}의 품질대상 : 이리사르, 파고르 가전의 주 방 부문은 결선 진출
- 유럽 환경 대상 : 오르클리
- Q 품질 금상 7개사 : 노동인민금고, 몬드라곤 링구아, 코프레시, 파고르 미니가전, 파고르 산업, 폴리테크니카 이카스테지아 초리 에리^{Politeknika Ikastegia Txorierri}, 라군 아로
- Q 품질 은상 17개사 : 아우소라군, 에로스키, 에로스키 그룹의 신 선제품 공장, 파고르 가전 설비, 파고르 가전 세탁기, 파고르 가전 가구, 몬드라곤 대학교, 경영대학, 과학기술대학, 파고르 전자, 가 이저 가스텍, 레아 아르티바이 이카스테체아^{Lea Artibai Ikastetxea}, 오 르클리, 소랄루세, 울마 패키징, 울마 제관, 울마 핸들링 시스템
- EMAS에 4개사 등록 : 다노밧, 파고르 에델란, FPK, 마이에르
- ISO 9000 품질 인증 114개사
- ISO 14001 환경 인증 51개사
- 작업 현장 위험예방 시스템 인증 OHSAS 13개사
- SA 8000 사회적 책임 인증 : 에로스키

26
지속적인 제품 개선

세계시장에 진출한다는 소명이야말로 몬드라곤 협동조합에게는 변치 않는 정체성의 상징이었다.

첫 번째 협동조합을 설립하기 전에, 창업자들은 설립할 회사의 유형과 사업 분야에 관하여 두 가지 결정을 하였는데, 이는 그 이후 협동조합 발전 역사에서 지침이 되었다.

1. 몬드라곤 지역에 이미 있는 제품은 생산하지 않음으로써 기존의 다른 제조업체가 협동조합이 경쟁을 불러일으킨다고 그들을 비판할 수 없도록 한다.
2. 전망이 밝고 부가가치가 있는 제품을 생산한다. 제품은 상당한 기술 장벽이 있어서 아무나 그들과 경쟁할 수 없어야 한다. 사실, 1955년에는 젊은이 천 명 가운데 한 명만이 대학에 진학(현재는 50%)하였는데, 창업자는 다섯 명 모두 공대 출신 기술자였다.

이러한 두 개의 조건을 충족시키기 위한 방안은 두 가지였는데, 그들 스스로가 이런 제품들을 개발하기 위한 연구 개발 및 혁신[R&D+i]과

제조에 수년에 걸친 노력을 투입하거나, 아니면 특허를 사들이는 것이었다. 창업자들은 해외로, 유럽의 선진지역으로 갔는데, 가전제품 생산 특허를 사기 위해 이탈리아로, 전자부품 특허를 사기 위하여 독일로 갔다.

몬드라곤 그룹 협동조합 기업들의 제품과 서비스의 전체적인 발전은 계속 이런 추세로 나아갔는데, 현재는 세 개의 축이 있다. 국제적 제품, 혁신적 제품, 그리고 전자 및 정보통신기술에 관련된 제품이다.

제품은 표준화되는데 협동조합 기업의 높은 임금은 원가를 높여서 마진을 떨어뜨리므로 해외 현지법인으로 생산을 옮기는 것이 더 낫게 된다. 따라서 부가가치가 더 높은 신제품을 찾아야만 할 것이다. 이런 현상은 항상 일어나는 일이기에 혁신적인 회사는 5년마다 제품 포트폴리오의 30~50%를 새롭게 구성해야 한다.

게다가 협동조합 기업의 제품들은 일반적으로 시장선도 제품이 아니라는 점에 유의해야 한다. 그 분야에서 첫째가 되는 것, 시장에 최신 제품을 출시하는 것은 매우 어려운 일이고 혁신에 큰 투자가 필요한 일인 데다, 지속가능한 경쟁 우위를 점하지 못하는 경우도 많다. 그러므로 대개의 회사들은 그 분야에서 최고의 제품을 모방해가면서 효율적이 되는 데 만족하곤 한다.

몬드라곤 그룹은 미래 지향적으로 6,400만 유로의 예산을 투입하는 '2009~2012년 과학기술계획'을 운영하였는데, 이는 새로운 전략 분야에서 혁신을 통해 지속가능한 일자리들을 창출해내기 위한 도구이다. 이 계획은 협동조합의 현재 제품과 서비스의 혁신을 지향하고 있는데, 새로운 전략 분야뿐 아니라 기존 사업 분야에서도 신제품과 서비스를 개발하는 것을 목적으로 하고 있다.

과학기술계획은 다양한 정부기구들의 개발과 조화를 이루거나 함께하고 있는데, 특히 다음의 분야에서 산업 프로젝트를 개발해내는 데 중점을 두고 있다.

신소재 및 생산 시스템(예산의 39%)

- 에코 디자인 및 제품수명주기 분석 : 에코 디자인, 자원 재생 및 환경
- 신소재를 위한 신공정
- 기존 소재를 위한 공정 및 기계의 발전
- 공작기계의 서브 시스템 및 도구의 혁신
- 표면처리 기술, 미세구조micro-structure 및 장식
- 미세 기술
- 중합체 및 복합 신소재
- 공정 전자화, 모델링 및 시뮬레이션

정보통신 기술(ICT)(30%)

- 임베디드 시스템Embedded system
- 환경정보 및 디지털 홈

- 인터넷 기술e-Service : e–러닝e-Learning, e–프로젝트e-Project, e–메인터넌스e-Maintenance
- 디지털 및 IPTV

신재생 에너지 기술(16%)

- 가정, 빌딩 및 지역 단위의 에너지 효율성
- 소규모 발전 : 태양열, 스털링stirling, 연료전지
- 에너지 서비스 회사(ESCOs)
- 재생 가능한 에너지 저장 시스템
- 전력 전자 컨버터
- 특수 전기기계의 디자인 방법론

건강 기술(9%)

- 원격진료 및 다변수 모니터링
- 진료시험분석 : '시험관' 진단
- 일회용 중합체 : 실리콘

경영관리 기술 : 가치 및 참여경영에 대한 연구(6%)

- 혁신
- 기업가정신

지난 2005~2008 계획에서는 기초연구 성격이 강한 프로젝트에 중점을 두었기 때문에 사업적 효과는 다소 제한적이었다. 2009~2012 계획에서는 시장에서의 혁신에 중점을 두도록 프로젝트를 변경하였다. 이런 의미에서 커다란 전략적 이동이 있었다.

27
세계적으로 경쟁력 있는 제품

몬드라곤 협동조합은 창립 이래 전통적으로 외국 특허를 사는 등 외부에 주목하였다. 협동조합은 외국 회사들과 비교될 필요가 있으며 협동조합의 미래는 세계화라는 새로운 여건에 적응해야 할 것이다. 1955년에 쓰던 말들을 기계적으로 적용하여 협동조합적 가치를 따져본다면 협동조합 성격을 잃어버릴 것도 같다. 그렇지만 잃어버리지 말

---

* 이는 globalization과 localization의 합성어이다. 다국적 기업의 국제화 전략으로 나타난 것으로 다국적 기업 혹은 국제기업의 현지화 전략을 말한다.

아야 할 것은 그러한 원칙들을 움직이는 정신인데, 그 정신은 경영에 대한 노동자의 참여이다.

회사는 노동자를 위해 있으며, 노동자는 회사에 참여하고 있다. 노동자는 뭔가를 받는 수동적인 주체인 것만이 아니라 조합에 자기의 재능과 힘을 주는 능동적 주체이기도 하다. 그룹 내의 협동조합에서 생산되는 제품이 높은 제조원가 대비 시장에서의 낮은 판매가 때문에 적자를 내는 경우가 있을 수 있다. 이런 경우에 세 가지 선택지가 있을 것이다.

- 그 제품을 카탈로그에서 제외하고 시장에 내놓지 않는다. 이런 제품들을 카탈로그에 둔다면 판매를 할 수밖에 없고, 이는 우리가 경쟁에서 우위를 잃게 된다는 것을 의미한다.
- 시장에서 경쟁자에게서 그 제품을 산다. 이는 일자리를 손해 보게 됨을 의미한다.
- 자사에서 생산하되, 더 낮은 원가에 수익성 있게 생산할 수 있는 나라로 옮겨서 생산한다. 이것 또한 (스페인 내의) 고용이 줄어듦을 의미한다.

이 세 경우 모두 고용이 줄어들게 된다. 생산을 멈춰서, 혹은 경쟁자에게서 구매하기 때문에, 혹은 해외시장에 있는 공장에서 생산하기 때문에 일자리가 없어지는 것이다. 어떤 것을 선택하든 협동조합 그룹 안에 일자리 손실이 일어난다. 이런 경우에 쓸 수 있는 전략은 고급기술에 기반을 둔, 새롭고 더 나은 성과를 내는 신제품 군을 카탈로그와 협동조합의 생산에 포함시키는 것이다. 다시 말해서 시장에서 평가될 수 있는 부가가치를 제공함으로써 협동조합 그룹 안에서 수익성과 고용을 창출하는 것이다.

레이레 무게르사Leire Mugerza는 엔지니어로서 에이카의 이사회 의장이며 품질본부장이다. 에이카는 감광판, 저항, 복사 초점, 터치 컨트롤 및 자동 온도조절장치 같은 요리기구용 전기부품을 생산한다. 12년 동안은 공장이 비스카이아 주의 에체베리아에만 있었으며 거기서 570명이 일하였다. 그는 이렇게 말하였다. "미국 및 캐나다 시장에서 제품보증을 하기 위해서는 멕시코에 제조공장을 설립해야만 했습니다. 그리고 원가 차이 때문에 마진이 적은 제품들을 옮겨서 생산하기 위해 체코에 두 개의 공장을 설립해야 했습니다."

몬드라곤 그룹은 제조 자회사를 설립해 세계시장으로 확장해가면서, 기본적으로 고객에게 더 근접한, 그들을 필요로 하는 시장에 더 근접한 생산이라는 전략을 취해왔다. 이렇게 함으로써 바스크 지역에서 계속해서 고용을 창출할 수 있었으며, 해외 진출이 본사 협동조합의 폐쇄를 야기한 적은 결코 없었다.

미래에는 가격 경쟁에만 의존하는 제품과 시장을 벗어나서 기술 경쟁력이 있는 분야로 진입해야 할 것이다. 이런 관점에서 볼 때 기술개발이 기본적인 발전요소가 되어야 한다. 이는 대학교, 연구소 및 협동

조합 자체 내의 팀이 함께하는 연구 개발 및 혁신(R+D+i)에 대한 지속
적인 투자 증대를 통해서 달성될 수 있을 것이다.

28

그룹 시너지

　서구에서 제조된 제품으로는 동유럽이나 아시아 회사와는 원가 면
에서 경쟁할 수가 없다. 우리는 오직 혁신을 통해서, 원가 비교로는 파
악이 안 되는 차별성이 있는 제품으로 경쟁해야 한다.

　톰 멀론 같은 경영전문가는 노동자들이 회사에서 일에 최선을 다하
고, 지식경영으로 가능한 최대의 부가가치를 제공하게끔 하는 요인이
무엇인지 파악하기 위하여 수년 동안 연구하였다. 이런 관점에서 그는
가장 효과적인 모델은 모든 노동자가 스스로 고용주인 것처럼 일하는
것이라고 생각했다. 노동자들이 자기 일에 모든 창의성과 헌신을 쏟아
붓고, 이후에 서로 뭉쳐서 작은 다기능 팀이 된다. 그리고 몇 개의 팀이
모여서 미니공장을 구성하고, 몇 개 공장이 합쳐져서 회사를 이룬다.
이것이 세계화된 경제에서 가장 경쟁력이 있고 좀 더 효율적인 모델인
것이다.

만약 회사 안에서 노동자 조합원들이 경쟁력을 갖추고 싶으면 스스로 최선을 다해야 할 것이고, 이것이 회사 전체 차원에서 필요한 최대의 공헌인 것이다. 이는 몇 가지 요소에 달려 있는데, 그중 하나가 그 규모이다.

현대 경영학의 아버지인 피터 드러커는 "코끼리는 적응하는 게 힘들지만 바퀴벌레는 어디서나 잘 살아남는다."라고 했다. 몬드라곤 그룹의 특징은 각 회사마다 법적인 개별성을 유지하면서 사회적 경제라는 공동의 아이디어를 중심으로 뭉쳐 있다는 점이다. 작게 유지하면서 큰 것이다.

협동조합 모델을 배우려고 온 많은 방문자들이 놀라는 점이 바로 이 점이다. 그들은 권한이 각 협동조합에 있으며 본부에서 '주어지는' 것이 아니라는 점을 잘 모르고 있었던 것이다. 우리 조직은 군도와 같아서 각 섬은 바다로 둘러싸여 있는 것이 현실이다. 그들은 하나의 집합을 이루지만 여전히 개별성을 갖고 있다.

1. 몬드라곤 그룹 안에 있으면서 작은 규모의 산업체로 남아 있는 이점

제품이나 서비스 제공의 측면
- 더 높은 수준의 품질, 서비스, 독점성을 제공할 수 있음
- 고객과 커뮤니케이션을 더 간단하고 빠르게 하는 메커니즘

- 고객 및 구매업체와 좀 더 친밀하게 커뮤니케이션할 수 있음
- 장애물 없이 고객 및 구매선과 협상하기 쉬움
- 고객 및 구매선과 파트너십 및 협동정신 발휘
- 윈-로즈win-lose식 뺏기가 아니라, 고객 및 구매선과 윈-윈win-win 접근법
- 시장 변화에 대한 융통성 및 적응력을 높일 수 있음

사업 조직의 측면
- 시간과 에너지를 흔히 말하는 '정치'에 쓸 필요가 줄어듦
- 자기 직무에 대한 주인의식이 강해 지식 면에서 더 많이 공헌하며 근무환경이 좀 더 우호적이 됨
- 전략적 의사결정이 아닌 분야별로 더 많이 분권화된 운영
- 자신의 강점 및 약점을 더 빠른 파악함
- 소속감이 더 큼
- 참여 기회가 더 많음

2. 각자의 개별성을 잃지 않으면서 몬드라곤 그룹에 속하는 작은 회사들의 시너지

제품이나 서비스 제공의 측면
- 납품 단가 면에서 더 큰 규모의 경제가 가능함

- 큰 틈새시장 공략 가능
- 해외시장에서 경험과 자원을 공유, 피그말리온 효과를 낳기도 함
- 몬드라곤이 상표는 아니지만, 이 이름이 믿음을 줌
- 제품 및 공정상의 혁신에 대한 자원을 공유할 능력

사업 조직의 측면

- 재무적 뒷받침의 규모가 더 큼
- 직원들 및 경영자에게 더 쉽게 힘을 줄 수 있음
- 고도로 복잡한 일이 있을 때 경영과제를 나눌 인적 프레임이 있음
- 파트너십 개발시 다양한 측면을 검토할 수 있음

경영전문가들이 말하길 가장 효율적인 회사란 더 작은 임계질량으로 더 나은 성과를 내는 회사라고 한다. 규모와 생산용량을 키우는 것이 곧 효율성과 같은 의미는 아니며, 저절로 규모의 경제가 달성되는 것도 아니다. 우리는 매출 원가에 비추어 제품과 시장이라는 두 변수를 바라보면서 맥락에 따라 각 상황을 분석해야 한다.

몬드라곤 그룹의 역사를 보면 항상 조직운영을 융통성 있게 해왔음을 알 수 있다. 예를 들면 1980년대 초반에 파고르는 종업원이 5,000명이 넘었는데, 여러 제품라인을 마케팅해야 한다는 면에서 규모에 비하여 비효율적인 회사가 되었다고 판단하였다. 그래서 다양한 활동들을 구분하여 파고르 공조, 파고르 가구 및 파고르 미니가전으로 분리

설립하였다.

하지만 분리의 시너지가 뚜렷하지 않아 10년 뒤에 다시 하나의 협동조합으로 합쳤다. 비슷한 경우로, 1992년에 몬드라곤 협동조합 그룹MCC이 설립될 당시 산업협동조합들은 7개의 부문으로 나뉘었는데 지금은 12개 부문이 되었고, 내부적으로나 외부적으로나 끊임없이 변화에 적응해가는 과정에 있다.

💬 보편 요소

25. 고객의 욕구 충족

- 친밀성 및 상거래의 정직성
- 외부기관의 인증서와 감사결과 제공
- 지리적 및 사업적 다각화

26. 지속적인 제품 개선

- 카탈로그를 끊임없이 갱신하기
- 우수 제품 따라 하기
- 공표된 '과학기술계획'을 실천하기

27. 세계적으로 경쟁력 있는 제품

- 한계 제품들을 해외로 재배치하기

- 기술 경쟁력에 중점 두기

28. 그룹 시너지

- 가치사슬상의 동맹자와 함께하기
- 혁신 자원 공유하기
- 경영 벤치마킹하기
- 재무적 뒷받침
- 경영자 및 전문가들의 그룹 내 이동

프로세스와 사실에
입각한 경영

비관적인 사람은
별들의 비밀을 발견하지도 못하고,
미지의 바다로 항해를 나가지도 못하며,
인간 정신의 새로운 영역을 개척하지도 못한다.

— 헬렌 켈러(20세기 미국의 사회운동가)

29
기업경영 모델

경영 모델이란 조직이 그 목적을 달성하는 데 필요한 모든 과제들을 확실하게 실행할 수 있도록 하는 데 사용하는 프로세스 및 절차들의 체계이다. 유명한 경영학 교수인 하버드 대학의 마이클 포터는 "전략이 없는 회사는 아무거나 하려고 한다."고 하였고, 그 결과는 때때로 회사가 망하는 것으로 나타날 것이다.

몬드라곤 협동조합들이 공동으로 적용하는 첫 번째 경영 모델은 1990년대 중반에 개발되었고, 그 후 시장 상황이나 내부구조가 바뀜에 따라 변화되어왔다. 현재 기업경영 모델*은 도표 8에서 보듯이 6개 항목에 기초하고 있다.

출발점은 '협동조합의 기본 원칙'이다. 이는 협동조합의 가치를 실천하고자 하는 '협동하는 사람'에게 행위 패턴을 제공한다. '공유 프로젝트'를 만드는 것은 바로 이 사람들이며, 이를 실천에 옮기는 것이 '참여적 조직'이다.

---

* 몬드라곤 기업경영 모델은 http://www.mondragon-corporation.com/eng/corporate-responsibility/modelo-gestion/ 에서 자세히 볼 수 있다.

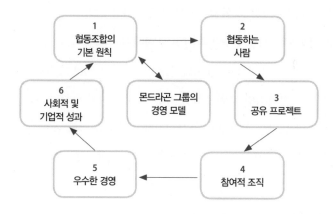

도표 8 : 몬드라곤 협동조합의 기업경영 모델(자료 : 저자)

그런데 이 프로젝트는 제품과 시장이라는 맥락 안에서 고객·구매선 및 파트너들과 연계하여, 경쟁자들과 똑같은 환경에서 실천되는 것이다. 협동조합이라는 사실이 경영에서 가장 발전된 개념들을 적용하는 데 이점을 제공하기도 하겠지만, '우수한 회사'가 되기 위해서 무엇보다 중요한 것은 이 개념들을 실제로 실천하는 것이다.

경영 모델 실천의 효과를 평가하는 데 있어 주요 포인트는 '성과'일 것이다. 성과는 나쁜데 우수한 회사란 있을 수 없다. 그러므로 경영이 훌륭한 사회적 및 기업적 성과를 거두고 있는지 확인하는 데 적절한 지표들을 선택해서 적합한 계기판을 확보하는 것이 꼭 필요하다.

각 개념들은 다시 세부적으로 나뉜다. 예를 들면 다음과 같다.

1. 협동조합의 기본 원칙 : 이미 앞에서 다루었다.

2. 협동하는 사람 : 사람은 경영 모델에서 주인공이다. 그들을 만족시켜주어야 하는 수동적인 요소로 여겨서는 안 되고, 함께 일하면서 서로 돕는 집합적인 주인의식을 가진 존재로 여겨야 한다. 공동 소유자로서 협동조합 정신에만 헌신하는 것이 아니라 서로 협력하는 협동조합적 행동을 바탕으로 자기 여건에서 리더십을 행사하며, 자신의 개인적 및 직업적 성장을 통한 자기 발전을 열망해야 하는 것이다.

3. 공유 프로젝트 : 프로젝트는 사람들이 협동을 꾀하는 데 매개가 되는 요소다. 미션이나 합리적인 기준, 비전이나 바람직한 미래 및 공동의 가치를 공유하는 것은 중요하다. 몬드라곤 그룹에 소속되면, 협동조합들이 인터코퍼레이션의 가능성을 찾아가는 경험과 행동방식 등의 가이드라인을 기본적으로 가지게 된다. 이런 요소들이 전략적으로 정의됨으로써 회사의 모든 분야에서 적용되는 것이다. 그리하여 모든 개인과 팀들이 연간 경영계획과 월간 보고를 통하여 프로젝트에 대한 각자의 기여를 인식하게 된다.

4. 참여적 조직 : 기구조직들은 협동조합들과 그 자회사들 모두에서 기업 발전에 도움이 되는 참여 메커니즘을 제공한다. 자율경영 능력은 목표 설정과 의사결정을 할 수 있는 작업 팀들을 통하여 신장되는데. 이를 위해서는 필요한 정보가 전방위적인 의사소통 메커니즘을 통해서 제공되어야 하며, 가능한 한 주로 대면적인 관계에 의해 이루어지는 것이 좋다.

5. 우수한 경영 : 우수한 경영이 되려면 모든 사람들이 고객 지향적이 되어야 하고, 창출된 가치의 종착지가 고객이어야 하며, 프로젝트는 고객이 가치를 인식하는 만큼 의미를 가지게 될 것이다. 또한 지속적인 실행 전략과 문화로서의 혁신에 기초하여 효과성과 효율성을 확보하기 위한 체계적 경영을 함으로써 프로세스를 최적화해야만 한다.

확장된 기업 및 조직화된 네트워크라는 맥락에서, 좀 더 통합적인 가치를 얻기 위해 공급 체인을 최적화하거나 좋은 제안을 할 수 있도록 다른 조직들과 협력해야 한다. 그리고 끝으로 관계를 중시하는 협동조합으로서 사업하는 지역에 참여하고, 그 안에서 문화적 통합을 이루며, 지역을 존중하고 발전에 기여해야 한다.

6. 사회적 및 기업적 성과 : 만족스런 성과를 이룬다는 것은 경영 모델 실천이 잘되었다는 증거다. 6개의 각 영역(고객 지향, 성장, 혁신, 수익성, 협동, 지역에의 참여)에서 단기 및 장기 사이의 균형 유지를 추구해야 한다. 그러므로 각 영역의 진전 상황을 분석하고 개선에 필요한 조치를 취할 수 있도록 모니터링 제도를 두는 것이 필요하다.

30

효율적인 경영

협동조합 기업이 두 분야(조합과 운영)에서 높은 수준의 효율성을 유지한다면 세계시장에서 경쟁력을 갖게 될 것이다. 효율성을 이루기 위해서는 한편으론 정보가 흐르는 채널을 원활하게 유지하고, 다른 한편으론 측정할 수 있는 모든 활동들에 대하여 철저한 검토와 감사를 수행하여야 한다.

조합 차원의 효율

조합 차원에서 보면, 적어도 연 1회 조합원들의 총회를 열어서 회사의 재무상황 및 경제적 발전에 대하여 조합원들에게 보고하고 이에 따른 적절한 조치들이 취해질 수 있게 해야 한다. 그렇지만 우선은 이사회와 사회위원회의 월례회의를 통해서 사업정보가 협동조합 안에 흐르게 하는 것이 중요하다. 이와 같이 이사 등 선출된 임원들의 책임은 막중하며, 이 책임은 경영을 맡은 사장에게도 해당되는 것이다.

이뿐만 아니라 감사위원회는 회계 및 경제 상황을 정확하게 파악할 책임이 있다. 이사회는 협동조합의 분기실적과 단기 전망에 대하여 조합원에게 공지하고, 그들의 의무를 이행하는 데 적합하다고 여겨지는 통제 업무를 수행하며, 필요하다면 전문가*의 도움을 요청할 수도 있다. 특히 감사위원회는 다음과 같은 일을 할 권한이 있다.

- 재무제표를 검토하고 그에 대한 감사보고서를 내야 하며, 재무제표가 총회에 제출되기 전에 잉여금의 배분 혹은 손실 충당에 대한 제안을 한다.
- 협동조합의 의사록들을 검토한다.
- 이사회가 정관에 정해진 바에 따른 조합원들의 요구를 무시하는 경우, 협동조합의 이익에 필요하다고 여겨지면 총회를 소집한다.
- 여타 기구의 구성원들을 조합원 총회에서 선출하거나 지명하는 과정을 감독한다.

또 중요한 것으로, 협동조합의 규정은 항상 다음 두 가지에 대한 조합원의 정보접근권을 조합원의 권리로 담고 있어야 한다. 하나는 회사의 회계장부이고, 다른 하나는 협동조합의 이사회 의사록 및 경영 상황에 대한 것이다.

끝으로, 몬드라곤 협동조합은 회계장부, 사회 및 노동 문제, 환경 문제에 대해 외부 감사를 받는 것에서도 개척자였음을 유념하기 바란다.

---

* 예를 들면 사안에 따라 회계사나 변호사 등 전문가의 도움을 받는다는 뜻이다. 감사로 선임된 조합원이 실제로 감사를 할 수 있는 전문 지식이 부족할 수 있기 때문이다.

운영상의 효율

운영 차원에서는 국제 경영의 표준으로 가장 흔히 쓰이는 표준화된 네 가지 유형의 경영 문서들이 기본적으로 사용되고 있다.

- **전략계획서** : 참여적인 방법으로 작성되며 향후 4년간의 회사 전망의 대강을 다룬다.
- **연차 경영계획서** : 모든 질적 및 양적인 실행 변수들
- **월차 경영보고서** : 연차 경영계획의 추진실적 및 전년실적 대비 평가
- **연차보고서** : 지난 1년간의 주목해야 할 사항들을 모아놓은 것

모든 문서들은 조합원들에게 공개되며, 경영에 대한 좀 더 높은 수준의 투명성 요구를 반영하고 있다.

31

위기에 대한 대응

몬드라곤 협동조합의 장점 중 하나는 사업상의 실용주의이다. 이런

측면에서 MCC의 현재 CEO*인 호세 마리아 아델코아^{Adelkoa}는 "새로운 경영계획 개발을 위한 전망"이라는 보고서를 모든 협동조합에게 제출하였다. 그 보고서에서 그는 미래에 대처하기 위한 방안을 여섯 분야에 걸쳐 구체적이고 자신있게 추천하고 있다.

1. 위기에 대한 태도

- 이 위기는 수년 동안 이어질 것이니 일시적인 것이라고 생각하지 말 것. 이 위기는 구조적인 것이고 적어도 수년은 지속될 것이며, 옛날과 같은 방식으로는 이겨낼 수 없을 것임.
- 시급하고도 지체 없는 대응 조치가 필요함.
- 최근의 호황기 동안 습득된 관성을 깨기 위한 비상조치적 의사결정을 강조할 것.
- 리더들은 좀 더 까다롭게 따지는 마음자세, 사람들을 챙기고 가까이 다가서는 지적인 능력, 그리고 정직성과 용기를 가지고 의사결정을 할 것.
- 관련된 사회적 및 경제적 비용들을 고려하여 활동을 조정, 갱신 및 중단할 것.

---

* 아델코아 회장은 이 책이 쓰인 당시의 CEO이고, 2014년 말 하비에르 소틸(Javier Sotil)이 선임되어 활동하다 은퇴한 후, 2016년 8월 하비에르 우친(Javier Ucin)이 선임되었다. 이렇게 주기적으로 그룹CEO가 새로 선임된다는 것이 몬드라곤 그룹의 민주성을 돋보이게 한다.

2. 생산성

- 면밀하고 직접적인 조정. 수요 혹은 주문의 실제 수준에 따라 빠르게.
- 미래에 대비한 역량과 지식을 담보하고 유지하기 위하여 인력 조정에 전략적인 기준과 비전을 가질 것.
- 활동이 증가하는 정도에 따라 노동시간과 노동일수를 늘릴 것.
- 개인적인 조정 정책에서 생산성을 우선할 것.

3. 구매

- 원가감축을 우선할 것. 구매액은 순매출액의 평균 70%에 이르므로 원가절감의 주요 분야임.
- 높은 수준의 적극성. 해오던 대로 하는 경향 및 구매부서의 보수적 태도를 깰 것.
- 새로운 구매방안, 새로운 구매선 혹은 공동구매 플랫폼을 찾을 것. 해외시장을 통한 새로운 공급선 포함.

4. 자산

- 유휴자산을 매각하는 것을 망설이지 말고, 부동산을 임차하도록 할 것.
- 생산성과 원가를 개선하는 데 초점을 두는 투자를 우선할 것.
- 위험을 적극적으로 관리하고, 고객별로 허용되는 매출채권 규모

를 한정할 것.

5. 원가구조

- 조업 수준을 유지하기 위한 자원 할당을 최소화하고, 구체적인 목적에 따른 자원 할당을 우선할 것.
- 아웃소싱. 비핵심 활동을 외주할 방법을 탐색할 것.
- 위기에 처한 협동조합의 구조 조정, 축소 혹은 폐쇄를 위한 의사 결정을 신속하게 할 것, 그리고 관련 비용을 최소화할 것.
- 야근이나 휴일근무 등에 대한 수당을 없애거나 동결할 것.
- 초과지출에 대하여 꼼꼼히 따질 것.

6. 시장

- 신흥국 시장에서 존재감을 뚜렷하게 높일 것. 위기 이전에 가능했을 최선의 활동 수준으로.
- 에너지, 철도, 수송, 보건 등 장비와 부품을 필요로 하면서 수요가 많은 분야로 진출할 것.
- 많은 현지법인들의 수익성 결여 문제를 인식하고 구조 조정 혹은 폐쇄 등을 빠르게 의사결정할 것.

32
역동성의 유지

경영학자 게리 하멜이 최근 바르셀로나에서 열린 콘퍼런스에서, 우리는 균형을 잃은 세상에 살고 있다고 말했다. 균형을 잃기도 했고, 균형을 예상할 수도 없다고 말이다. 세계는 빠르게 변하면서 모든 사회, 조직, 가족 및 개인들의 회복력을 시험하고 있다. 우리는 매우 빠른 변화에 직면하고 있으며, 끊임없이 경영과 조직을 새롭게 일구어야 한다.

한편 최고의 선거운동 분석가들은 선거운동에서 보통은 미래 프로젝트를 가장 잘 '판' 후보가 당선된다고 말한다. 그들은 뭔가 새로운 것을 팔아야 하고, 어떤 변화를 가져오되 긍정적인 방법을 써야 한다. 똑같은 변화 프로젝트라면 낙관적인 후보자가 승리하는 것이다.

창업자들은 항상 미래에 대한 프로젝트를 가지고 있었고 추진하는 모든 프로젝트에 대하여 타고난 낙관주의자였다. 그들의 프로젝트는 첫 협동조합을 설립하는 것으로 끝난 것이 아니었다. 그들은 주기적으로 어떤 특징을 지닌 조직체를 만들었다. 그 일을 하는 데 취한 방식은 협동조합 운동을 끝나지 않은 어떤 것, 즉 '경험'으로 생각하는 것이었다.

그때부터 지금까지 무대와 주인공 모두가 바뀌어왔다. 우리는 사업과 협동조합이라는 두 개의 프리즘으로 이를 살펴보고자 한다.

1. 사업의 관점에서 볼 때, 가격으로는 우리가 도저히 경쟁할 수 없는 세계의 공격적인 경쟁자들과 함께하는 현재의 세계적 경제위기에서는, 제품 카탈로그를 새롭게 할 수 있는 혁신과 향상된 경영만이 사업의 미래를 보증할 수 있다.

경제위기는 향후 수년 동안 모든 제조업 회사들과 서비스 회사들에게 문제를 안겨줄 것이라고 말하는 협동조합 경영자들이 있다. 그렇지만 인터코퍼레이션 구조뿐만 아니라 내부 조직 면에서도 협동조합이 문제에 직면할 준비가 더 잘 되어 있다고 하겠다.

주인공들 면에서 보자면, 최근 세대의 경우 협동조합에 가입한 사람들이 바스크에서 회사에 들어간 사람들 일반보다 교육을 더 받았다는 분석결과가 있지만 바람직한 수준에는 못 미쳤다. 상대적으로 더 풍요로운 사회에서 자랐다면 바람직한 책임감보다는 권리의식이 더 강한 시민이 되어있을 것이다.

이는 일에 대한 전반적인 헌신이 예전보다 약해졌음을 의미한다. 다른 한편으로는 1인당 소득이 더 낮은 폴란드, 체코, 인도 및 중국 같은 나라의 경쟁기업들이 더 헌신적이고 개선의지가 훨씬 강한 종업원들을 두고 있다는 뜻이다.

2. 협동조합 장field과 관련하여 몬드라곤 지역에서 젊은이들의 마음

을 움직일 수 있는 준거틀과 핵심가치가 지금 무엇인가 하는 물음을
던질 수도 있다. 창업자들의 사회적 메시지는 한정된 수의 협동조합에
만 영향을 주고 있는 것이다.

결과적으로 세계화로 인해 거시적인 사업 환경이 변화되었다면, 창
업자들이 원래 가졌던 '경험'의 개념도 오늘날 협동조합에서 일하는
사람들에게는 다른 의미를 가지게 될 것이다. 더 좋아졌거나 나빠졌다
는 게 아니라 여러 면에서 달라졌을 것이라고 보는 것이다.

이런 맥락에서 볼 때 지금까지 협동조합 기업에서 대두되지 않았
던, 다음과 같은 도전과제들이 있을 것이다.

- **협동조합 구조 안에 있지 않은 직원들** : 역사적으로 보면 협동조
  합의 조합원들은 주로 바스크 지역에 있는 모회사의 직원들이었
  다. 중간지주회사인 에로스키 헤스파에 자본 참여를 한 유통회사
  인 에로스키의 일부 직원들의 경우에는 아직도 협동조합원이 아
  니다. 그렇지만 2009년 에로스키의 조합원 총회는 바스크 지역
  외의 근무지에 있는 30,000명의 직원들이 조합원이 되는 것을 승
  인하였다. 따라서 미래에 의사결정의 중심에 변화가 생기는 것은
  불가피해 보인다.

- **해외의 직원들** : 해외의 73개 생산 현지법인들은 주식회사이고,
  여기서는 협동조합이 이들 나라 직원들의 '사용자'이다. 이 상황
  을 두고 수년 동안 토의를 해왔지만 해결방안은 쉽지 않은 상황
  이다. 우리보다 1인당 소득이 낮은 나라나 개발도상국에 투자를

하고 일자리를 창출하는 것은 분명 긍정적인 일이다.

또한 현지법인이 자리 잡고 있는 지역에서 이들 직원들의 사회경제적인 노동조건이 가장 좋다는 것도 긍정적인 일이다. 그렇지만 협동조합에 속한 주식회사들의 경우에는 이 책에서 언급한 열쇠들 중 일부가 적용되지 않는데, 기본적으로 협동조합이 주식회사에 대한 지배권을 잃고 싶어 하지 않기 때문이다. 이 문제는 아주 흥미로운 도전과제이다.

- **젊은이** : 젊은이들은 조합원이 되는 데 다른 단계에 있다. 1990년대 초까지는 수습기간이 일반적으로 6개월이었는데 점차 길어져서 경제위기 때에는 3년까지 늘어났다. 수습기간 중인 임시직 노동자 및 젊은이들은 경제위기로 인해 가장 심각한 타격을 받았으며, 기존의 일자리는 그들과 공유되지 않았다. 젊은이들은 협동조합 기업 인적 자본의 미래로서 가장 중요하기 때문에 분명 뭔가 새로운 방법을 찾아야만 할 것이다.

현재의 세계적 경제위기 속에서 이런 과제들을 해결하려면 몬드라곤 협동조합을 주창한 분들의 긍정적인 마음자세를 다시금 떠올려야 할 것이다. 호세 마리아 신부님은 항상 다음과 같이 말하곤 하였다.

"Aurrera, beti aurrera*"(전진해라, 항상 전진해라.)

---

*   바스크어임.

29. 기업경영 모델

• 사람들 사이의 협동

• 공유 프로젝트

• 참여적 조직

• 경영의 우수성

30. 효율적인 경영

• 문서화된 경영

• 외부 감사

31. 위기에 대한 대응

• 일반적으로 선제적인 태도

• 생산성

• 가치사슬

• 자산 최적화

• 구조 제한하기

• 시장을 세계화하고 신흥국 시장 우선하기

32. 역동성의 유지

- 사업 프로젝트를 정리정돈하기
- 세계화라는 새로운 도전의 방향 정하기

《일의 미래》중
몬드라곤 협동조합에 대한 내용

미래의 어느 날엔가,
우리들 각자는 역사의 대법정에 설 것이다.
우리가 잘했는지 못 했는지는
다음 네 가지 질문에 대한 답으로 정해질 것이다.
첫째, 우리는 진정 용기 있는 사람이었나?
둘째, 우리는 진정 분별 있는 사람이었나?
셋째, 우리는 진정 정직한 사람이었나?
끝으로, 우리는 진정 헌신적이었나?

− 존 F. 케네디(미국 대통령)

1장 | 선택의 시간

미래의 조직은 어떻게 될까? 아마도 구성원 스스로에 의해 조직되고 관리되며, 자기 소유되고, 발현적이며, 민주적이고, 참여적이고, 사람 중심이고, 평등하다는 등으로 묘사할 수 있을 것이다. 이 다양한 표현들 모두를 아우르기 위해 이 책에서는 간단하고 쉽게 '분권화'라는 단어를 쓰려고 한다.

여러 조직들은 사람들이 자신들에게 영향을 미치는 의사결정에 얼마만큼 참여하는가에 따라서 분류될 것이다.

대개의 사람들이 분권화를 생각할 때, 위계를 축소하는 것으로 한

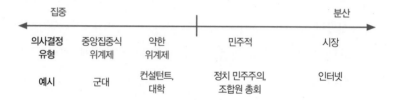

의사결정 유형	중앙집중식 위계제	약한 위계제	민주적	시장
예시	군대	컨설턴트, 대학	정치 민주주의, 조합원 총회	인터넷

정 짓는다. 다시 말해서 낮은 위계로 의사결정이 위임되는 것을 분권화라고 여기는 것이다. 그렇지만 권한이 낮은 위계로 위임되는 것이 아니라면? 오히려 권한이 낮은 위계로부터 나오는 것이라면? 조직의 모든 구성원들이 자기들이 통제권을 행사한다고 느낀다면 에너지와 창의성이 얼마나 활성화될까?

5장에 나오겠지만, 어떤 회사들은 이미 작은 민주주의로 작동하는데, 의사결정을 투표로 정한다. 지금도 많은 훌륭한 경영자들은, 예를 들자면 중요한 의사결정에 대하여 종업원들에게 비공식적인 피드백을 하곤 한다. 그리고 어떤 회사에서는 공식 경영 프로세스로 노동자들의 공식적인 투표 제도를 운영하고 있다. 드문 예이지만 스페인의 몬드라곤 그룹 같은 경우, 노동자들이 회사의 소유자이고, 따라서 이사회 등의 선출과 기타 주요 의사결정을 할 때도 투표를 한다.

5장 | 민주주의 실행하기

멀론은 경영을 민주적으로 하는 기업의 예를 몇 개 들고 있다.

- 홀푸드^{Whole Foods} : 각 매장 종업원들이 신입직원 채용 여부를 결정한다.
- 휴렛패커드 : 새로운 기업을 인수할 때 종업원들에게 설문조사를 한다.
- 고어^{W. L. Gore} : 모든 구성원들이 서로를 파트너라고 호칭하며, 사장과 비서 외에는 직위 명칭이 없다.
- 비자인터내셔널^{VISA International} : 회원 은행들은 원래 경쟁자들인데 확대된 민주적 조직으로서 협력하므로 신용카드가 효과적으로 운영된다.
- 이베이^{e-Bay} : 온라인 소비자들의 민주주의 모델이다.
- 몬드라곤 그룹 : 현재 기업계에서 가장 극적인 민주주의 사례 중 하나이다. 몬드라곤의 각 회사는 노동자들에 의해 소유되는 협동조합이다. 노동자는 협동조합의 조합원으로서 최종적인 의사결정을 하는 사람들이다. 권한이 위계의 아래로 내려가는 것이 아니라, 밑에서부터 올라가는 것이다. 대부분의 의회 민주주의의 경우처럼, 조합원들은 보통 그들이 선출한 대표들을 통해서 그들의 권한을 행사한다.

몬드라곤 그룹의 특이한 의사결정 구조는 마찬가지로 특이한 재무구조에 의해 보완된다. 협동조합의 조합원이자 소유자가 되려면 노동자는 가입할 때 출자기여를 해야 하는데, 그 금액은 대략 자기 연봉의 절반이다. 따라서 조합원들에게 이익을 분배하고,

임의 적립금을 쌓는 등의 재무정책을 아주 보수적으로 하여 가장
중요한 비재무 목표인 '조합원들의 장기적이고 안정적인 고용'을
지원하고자 한다.

8장 | 분권화할 때

수많은 책과 논문들이 경영에서의 조직 변화에 대하여 분석하였
고, 그중 많은 제안들이 비전을 세우고, 사업방향을 정하고, 구성원들
의 공감을 얻고, 추진계획을 세우는 데 있어 분권화를 주장하였다. 그
런데 누가 처음에 변화를 일으키는 결정을 할 것인가? 변화를 일으키
는 내부 반란이 일어날 가능성이 있는가? 이론적으로는 있다. 그렇지
만 실제로 그런 일은 거의 일어나지 않는다. 보통 더 큰 분권화의 결정
은 CEO를 포함한 경영진에서 나온다. 내부 반란이 일어나는 일은 일
반적이라기보다는 예외적인 일이다.

다행히 분권화는 다른 방법으로 이루어질 수도 있는데, 아마도 이
것만이 가능한 방법이 될 것 같다. 즉, 회사가 설립될 때부터 분권화되
어 있을 때, 그런 회사들이 성공하고 또 성장해서 집권화된 경쟁기업
의 시장 점유율을 뺏어오는 것이다. 우리는 ESA, 몬드라곤, W. L. 고
어, 비자인터내셔널, 이베이 및 인터넷에서 그런 경우들을 보았다.

토머스 멀론

〈하버드 비즈니스 리뷰〉 중에서

자유기업이라고 정당화되는 것은 아니다.
훌륭한 기업이라야만 정당화될 것이다.
기업이 정당화되는 유일한 경우는
그 기업이 사회에 유익하기 때문이다.

– 피터 드러커(미국의 경영학 대가)

기업을 커뮤니티로 다시 세우기

현재 경제위기의 밑바탕에는 훨씬 더 심각한 또 다른 위기가 깔려 있다. 비즈니스 커뮤니티, 소속감, 기업보다 더 큰 뭔가를 위하여 사람을 보살피기 등이 무너지고 있는 것이다. 특히 미국에서 수십 년에 걸쳐 행해진 단기 업적주의 경영은 CEO의 중요성을 부풀렸고, 반면 기업 내의 다른 사람들은 주가가 하락할 때 '감축'될 수 있는 인적자원이라는 소모성 자산으로 여겨졌다. 그 결과 세계경제에는 배려심 없고 무책임한 행위가 만연하게 되었다.

정부의 경기부양 프로그램이나 위기에 빠진 대기업에 대한 구제금융으로는 문제를 해결할 수 없다. 회사들이 다시 사람들을 고용해야 할 필요가 있는 것이다. 경영과 리더십의 실행방법이 재고되어야만 한다.

서브프라임 모기지 문제는 심하게 드러난 예일 뿐이다. 우선 그런 일이 어떻게 해서 일어날 수 있었으며, 어떻게 수많은 최고수준의 금융기관들로 확산될 수 있었던가? 답은 분명해 보인다. 모기지를 밀어붙인 사람들은 최종 결과야 어떻게 되거나 말거나 가능한 한 보너스를 많이 받으려고 판매실적을 최대로 올리고자 했던 것이다. 이런 모기지들을 구입한 금융기관들은 경영적 판단을 하지 않은 것이다. 이들 금융기관의 리더들은 미국에서 지배적인 '리더십' 스타일을 취했던 것이다. 즉, 사무실에 앉아서 다른 직원들이 반드시 달성해야 할 목표를 지시하기만 하였지, 성과를 향상시킬 수 있도록 돕기 위해 현장으로 내려가지는 않았던 것이다. 경영자들은 무슨 일이 일어나는지도 몰랐고, 직원들은 무슨 일이 터지든 개의치 않았던 것이다. 그리하여 경영에 있어 역사적인 실패가 일어난 것이다.

정도는 다르겠지만 똑같은 실패가 공공 부문과 민간 부문 모두에서 벌어지고 있다. 리더십을 뭔가 독립적이며 고위 경영진의 전유물인 것처럼 여기는 믿음이 퍼져 있다. 이런 관점은 리더십을 발휘해야 할 지위에 있는 사람들을 고립시키고, 조직 안에서 커뮤니티 감각을 훼손시킬 뿐이다.

일터 안의 커뮤니티

개인주의는 좋은 이상이다. 인센티브를 제공하고, 리더십을 촉진하며, 발전을 자극한다. 하지만 개인 혼자서는 안 된다. 우리는 사회적 동물로서 우리 자신보다 커다란 사회적 시스템 없이는 효과적으로 기능할 수 없다. 이것이 '커뮤니티(더 큰 선을 위하여 우리를 함께 묶어주는 사회적 접착제)'가 의미하는 것이다. 버락 오바마의 선거운동이 보여준, 커뮤니티에 대한 강한 감각에서 우러나온 에너지를 생각해보라.

커뮤니티는 우리의 일, 우리의 동료, 그리고 세계 속에서 지리적으로나 다른 의미로나 우리가 사는 곳을 소중하게 여기는 것을 의미하며, 또 이런 마음에 힘입어 커뮤니티가 활기를 얻는 것이다. 말하자면, 가장 존경받는 기업들(도요타, 셈코Semco(브라질), 몬드라곤(바스크의 협동조합 복합체), 픽사 등)은 대체로 이러한 강한 커뮤니티 감각을 지니고 있다. 픽사의 에드 캣멀Ed Catmull 사장이 〈하버드 비즈니스 리뷰〉 2008년 9월호에 실은 "픽사는 어떻게 집단 창의성을 끌어내고 있는가?"라는 제목의 기고문은 이 점을 강하고 분명하게 보여주고 있다. 그는 인기 있는 만화영화 시리즈물의 성공 원인에 대하여 "재능 있는 인재들이 서로에게 충성스럽고 집단 창작에 열중하는 활력 있는 커뮤니티를 이루어, 그들 각자가 뭔가 특별한 조직의 일원이라고 느끼며, 그들의 열정과 성취가 이제 학교를 졸업하거나 다른 곳에서 일하는 재능 있는 사람들을 끌어당기는 자석 같은 커뮤니티를 만들고 있다."라고 설명한다.

젊고 성공적인 기업들은 흔히 보통 이와 같은 커뮤니티 감각을 가지고 있다. 그들은 성장을 꾀하고, 에너지가 넘치며, 헌신적인 사람들로 구성되어 거의 가족과 같다. 그렇지만 성숙기에 이르러서도 이런 초창기 분위기를 유지하는 것은 어려운 일이다. 변화는 점점 느려지고 쓸데없는 논쟁에 빠지며 세상은 생각대로 되지 않게 된다. 커뮤니티는 종종 NGO, 비영리기관 및 협동조합 같은 사회적 섹터에서 더 쉽게 유지되곤 한다. 사명이 매력적일수록 사람들은 더 헌신적이 되는 것이다.

그렇지만 어쨌든 요즘 같은 변화무쌍하고 개인주의적인 세상에서는 너무나 많은 회사와 조직들에서 커뮤니티 감각이 사라져버렸다. 결과적으로 많은 대기업이, 특히 미국에서, 기존의 신화적인 경영 감각과 함께 무너지고 있다.

헨리 민츠버그

1. 몬드라곤 협동조합 그룹(MCC) 가입조건

개별 협동조합이 MCC에 가입하기 위해서는 다음의 원칙을 준수해야 한다. 가입은 개별 협동조합의 총회에서 결정하고 MCC의 승인으로 이루어지며, 가입한 뒤에는 다음의 원칙을 의무적으로 지켜야 한다. 지키지 않는 것은 탈퇴하겠다는 의미가 된다. 다음의 원칙은 공통 원칙으로, 조직을 운영하기 위한 노력이자 기본적으로 '조합원 재배치 : 해고 없는 기업'을 위한 조건들이다. 재배치를 원활하게 하기 위해서는 초기 출자금, 분배, 급여 등의 제반조건들이 비슷해야 큰 무리가 없기 때문이다.

1) 조합원 재배치 수용

해고 없는 기업을 만드는 가장 중요한 원칙이다. MCC에 가입한 뒤에는 재배치 요청에 대하여 거부할 수 없으며, 조합원 한 명을 재배치할 경우 라군 아로에서 60,000유로 범위 내에서 지원을 하는 등 세부조건들이 정해져 있다.

2) 손익 재배분(조정)에 참여(법인세 납입 전 이익 기준)

① 리컨버전Reconversion

• 부문은 리컨버전 비율을 15% 이상, 40% 미만으로 하고 있다.

- 그룹의 경우 지역별 그룹에 따라 비율을 정한다.

② 다음과 같은 기금에 출연한다.

- 투자기금Investment Fund : 10%(신사업을 위하여)

- 교육기금Education Fund : 2%

- 연대기금Solidarity Fund : 2%(손실 보전을 위하여)

3) 분배연대 원칙(법인세 납부 후 기준)

① 10%를 지역사회에 기부한다(바스크 법에 10%로 정해져 있음). 조건 2)의 ②에 언급된 각종 기금(교육기금 등) 출연은 이 범위에 포함될 수 있다. 10%를 지역사회에 기부하는 대신 바스크 법은 5%의 법인세 혜택을 준다.

② 45%를 내부 유보한다(바스크 법에서는 최소 20% 이상 요구).

③ 45% 이내에서 노동배당을 하되, 의무적으로 출자금으로 전환한다. 출자금에 대한 이자(출자배당)는 7.5% 이하이며, 일부만 현금으로 수령할 수 있다.

4) 조합원 초기 출자금(2014년 기준으로 15,000유로이며, 약 2천만 원 정도이다.)은 비슷하게 유지한다.

5) 급여연대의 원칙을 준수한다.

6) 경영보고서를 제출한다. MCC에 소속된 모든 조합의 경영보고서가 공유된다.

7) 내부 경쟁은 금지한다.

2. 노동인민금고의 변천사 : 카하 라보랄 포풀라Caja Laboral Popular에서 라보랄 쿠차Laboral Kutxa로

카하 라보랄(지금의 라보랄 쿠차) 협동조합은 금융 업무를 하는 협동조합이지만 우리나라의 신용협동조합과는 달리 노동자협동조합이다. 즉, 예금자나 대출자가 조합원이 아닌 것이 특징 중 하나이다. 카하 라보랄의 변천사는 곧 몬드라곤 발전 역사의 축소판이라고 할 수 있을 것이다.

1) 카하 라보랄의 설립부터 현재까지 변천사 요약

① 예금통장인가, 이민가방인가? : 몬드라곤 지역에 지점을 개설하는 단계였다.

② 예금을 찾아서 : 협동조합이 성장하면서 자금 부족을 겪게 되고, 이를 해결하기 위해 몬드라곤 이외의 지역에 지점을 개설하던 시기다.

③ 다변화의 시기 : 협동조합에 대한 대출 외에 개인 대출을 시작한 시기다. 미션을 변경하고 전략적 차별화를 꾀했으며, 이로써 협동조합을 위한 은행이 아니라 바스크 지역을 위한 은행이 되었다.

④ 2008년 금융위기 : 은행의 수익성 확보를 위해서는 고객 서비스와 시장 점유율이 중요했다. 그래서 쿠차은행(바스크 지역의 우리로 보면 농협은행 성격)과 합병을 하였고, 그러면서 이름이 카하 라보랄 포풀라에서 라보랄 쿠차로 바뀌었다('쿠차'는 저금통이라는 뜻의 바스크어임). 지금은 바스크 지역에 집중하며, 자영업자와 중소기업 비즈니스를 중점 지원하고 있다.

⑤ 협동조합과의 관계를 다시 생각하는 시기 : 근본 미션인 협동조합을 위한 지원을 다시 고민하는 시기로 현재 진행 중이다.

2) 기업국의 역할 변화

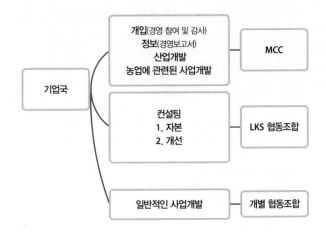

① 카하 라보랄은 예금 고객이 조합원인 신용협동조합이 아니라, 은행 노동자와 협동조합 고객(MCC 구성 조합)이 조합원인 노동자협동조합이었다(전 세계에 협동조합 은행이 5만 개 정도 있으나, 그중에 유일하다). 그러므로 당초에는 스페인 노동부 관할이었다.

② 총회는 협동조합 55%(개별 협동조합들의 조합원 수에 따라 배분하며, 예금 금액에 따른 배분이 아니다.), 노동자 조합원 45%의 의결권이 있었으며, 이사회는 협동조합 8명, 노동자 조합원 4명으로 구성되었다.

③ 수익의 분배는 이용실적에 따라 했다.

④ 1985년 스페인 중앙은행으로 관할이 바뀌기 이전에 카하 라보랄의 주요 역할은 기업국과 은행국 업무로 구분되며, 특히 기업국은 새로운 협동조합 창업을 통해 협동조합을 발전시키는 역할을 하였다. '자

금'과 '컨설팅'이 협동조합을 위한 주요 역할이었다.

⑤ 이 과정에서 담보 대출이 아니라 사업성 평가를 통한 무담보 대출을 했기 때문에, 은행은 충당금을 설정해야 했고 이것이 유동성에 심각한 위협이 되었다. 또한 은행의 부채비율이 커져 은행의 재정 안정성에 대한 문제가 제기되었으며, 중앙은행으로 소속이 바뀌면서 이 부분에 대한 문제제기가 지속되었다.

⑥ 그리하여 기업국 역할은 MCC로 재편했으며, 노동인민금고는 MCC의 운영예산 등을 지원하여 간접적으로 도와주고 있다.

⑦ 컨설팅 사업은 자체적인 수익을 낼 수 있어서 LKS 협동조합으로 분리 전환했다.

3) MCC 체제에서 라보랄 쿠차의 역할

① 협동조합들에 대한 대출은 초창기에는 84%까지 되었지만 지금은 8%(90년대에는 2.7%까지 줄었다.) 수준으로 거의 일반은행과 다를 바 없게 되었다. 예전에는 협동조합들을 위한 은행이었지만 지금은 협동조합들의 주거래 은행일 뿐이다. 대출 기준도 예전에는 '관계'였지만 지금은 '시장조건'으로 바뀌었다.

② 그렇지만 이익의 30%를 신사업 투자, 교육, 해외시장 개척 등을 위해 MCC에 기부한다.

③ 그리고 MCC 운영예산의 65%를 부담한다.

④ MCC의 당연직 이사 조합원이다.

3. MCC의 구조

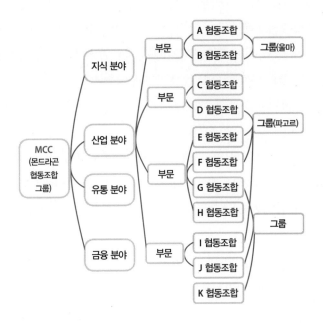

　위 그림은 몬드라곤 협동조합 그룹에서는 하나의 협동조합이 산업별 부문division에도 속하고 지역 그룹group에도 속하는 이중구조라는 것을 단순하게 그림으로 표현한 것이다. MCC를 소개하는 내용에는 MCC, 분야Area, 부문Division도 비즈니스 그룹Business Group으로 표현(바스크 법에 따른 올바른 표현임)하기도 하는데, 1970년대에 형성된 지역별 그룹Group(파고르, 울마 등)과 개념적인 혼동이 생기는 경우가 종종 있다. 또한 단일 협동조합이 자회사 및 해외법인을 포함해서 자신들을 그룹Group(예를 들어, 파고르 인더스트리얼Fagor industrial은 ONNERA그룹이라고 한다.)이라고 설명하기도 한다.

- MCC 조직 : 3개의 사업 분야^Area of Business와 지식 분야^Knowledge Area가 있으며, 3개의 사업 분야는 금융 분야^Financial Area, 산업 분야^Industrial Area, 소매 및 유통 분야^Retail & Allied Area로, 주로 산업별로 편성되었다. 지식 분야에는 몬드라곤 대학(4개의 단과대학), 각종 연구 개발(R&D) 센터, 경영개발센터^Management Development Centers 등이 속한다.
- 분야 : 분야는 사업 영역의 기준에 따라 분류된 조합의 그룹 혹은 연합의 형태이다. MCC에는 4개의 분야가 있다.
- 부문 : 부문은 사업 영역의 기준에 따라 분야에서 세분화된 그룹 혹은 연합의 형태이다. 금융 분야에 1개 부문, 소매 및 유통 분야에 1개 부문, 산업 분야에 12개 부문으로 총 14개의 부문이 있다. 지식 분야에는 부문이 없다.
- 그룹 : 대략 1970년대에 시작된 사업 연대 개념으로 역사적이고 지역적인 특징을 띠고 있다. 보통 파고르^FAGOR라고 말하면 파고르 그룹을 말한다.
- MCC로 전환하기 이전의 그룹은 현재도 여전히 존재하고 있다. 따라서 하나의 협동조합은 부문과 그룹에 동시에 속하게 된다.

4. 협동조합 분류(바스크 협동조합법에 따름)

1) 조합의 목적에 따라

노동자협동조합, 소비자협동조합, 농업협동조합, 신용협동조합, 보험협동조합, 교육협동조합이 있으며, 노동자협동조합의 목적은 조합원에게 일자리를 제공하는 것이다.

2) 조합원의 법인격에 따라

- 1차 협동조합 : 주로 자연인인 개인이 조합원인 협동조합이며, 일부 조합원은 법인인 경우도 있다. 보통은 협동조합이라고 하면 1인 1표가 적용되는 이런 1차 협동조합을 말한다. 일부 법인 조합원이 있는 경우는 대체로 혼합 협동조합을 말한다.
- 2차 협동조합 : 1차 협동조합 법인이 조합원인 협동조합이며, 일부 개인 조합원도 있다. 협동조합 그룹, 분야, 부문 등은 대부분 2차 협동조합 이상이다.(2차 협동조합의 구성과 운영방식에 대하여는 미주 5 참조)
- 3차 협동조합 : 2차 협동조합 법인이 조합원인 협동조합이다.
- 4차 협동조합 : 3차 협동조합 법인이 조합원인 협동조합이다.

3) 조합원의 투표권에 따라

- 일반 협동조합Ordinary or Common Coop : 일반적인 협동조합으로, 1인 1표의 원칙이 지켜져야 한다.
- 혼합 협동조합Mixed Coop : 두 종류의 조합원이 있으며, 1인 1표의 원칙을 따르는 조합원과 기여한 자본에 따라 투표권을 얻는 조합원이 있다. 후자의 경우는 최대 49%의 투표권을 가질 수 있으며, 한 개인이 두 권리를 모두 가질 수는 없다.

이처럼 하나의 협동조합은 목적에 따라, 조합원의 법인격에 따라, 투표권에 따라 분류될 수 있다.

그룹, 분야, 부문 협동조합은 혼합 협동조합이 아니다. 그들의 투표권은 매출, 조합원 수 등에 따라 합리적으로 의결권이 배분되어 있으며, 자본에 따른 배분이 아니다. 따라서 그러한 협동조합은 일반 협동조합으로 분류된다.

5. 2차 협동조합의 운영방식

각 부문 및 지역별 그룹 등 2차 협동조합들이 어떻게 구성되고 운영되는지 그 다양한 형태를 살펴보면 다음과 같다.

1) 위임형

- 그룹(2차 협동조합)에는 법인 조합원(A, B, C, D 협동조합)만 있다.
- 그중 한 협동조합인 D 협동조합이 그룹(2차 협동조합)의 사무 업무 등을 위임받아서 수행한다.
- MCC 서비스 협동조합, 라군 아로 서비스 협동조합 등이 그 사례이다.

2) 법인+노동자 조합원형

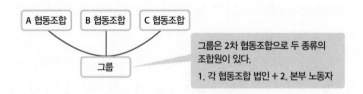

• 그룹(2차 협동조합)은 법인 조합원(A, B, C 협동조합)과 그룹의 노동자 조합원으로 구성된 협동조합이다.

• 그룹 총회는 노동자 대의원, 후원자 대의원, 학생 대의원이 각 1/3로 이루어진 대의원으로 구성된다.

• 몬드라곤 대학 등이 그런 사례이다.

3) 파견형

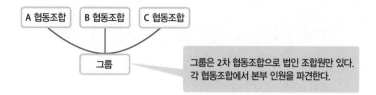

• 그룹(2차 협동조합)은 법인 조합원(A, B, C 협동조합)만 있다.

• 2차 협동조합에서 일하는 노동자는 1차 협동조합(A, B, C 협동조합)에서 파견된 노동자들이다.

• 울마 그룹이 그런 사례이다.

6. 개별 협동조합의 거버넌스 운영

	이사회	사회위원회	감사위원회	경영위원회
역할	• 경영진(CEO) 임명 • 경영 감사 • 총회 의결사항 집행 • 노동권(자) 보호	• 이사회–조합원 소통 역할 • 이사회, 경영위원회에 조언 • 토론 주제 : 인사정책 및 제도, 휴일/휴가, 노동안전, 직급체계, 정관 및 규약 등에 대한 의견개진 등	• 절차 감사 • 회계 감사	• 사업 경영
선출	• 후보 없는 자유 선출(모든 조합원이 후보다) • 이사장 : 이사 중에 호선으로 선출하며, 사회위원회 의장을 겸직한다. • 예비 당선자 제도 '권력'이 아니라 '봉사'다(그래서 후보가 없는 자유 선출이다.)			• 이사회가 CEO 임명 • CEO가 경영진 임명 • CEO=이사장 : 규정상 안 됨. • 경영진=이사 : 상식으로 안 함.
임기	• 4년 • 2년마다 50% 교체			• 4년(CEO) • 이사회에 해임권이 있지만, 대부분 이사장 임기와 연동
회의	1회/월			
기타	• 역할에 따른 선출도 있음 • 특별보상 없음 • 개최 시간은 상황에 따라	• 의사결정 없음 • 특별 보상 없음 • 개최 시간은 상황에 따라 • 직원(노동조합/위원회)	• 조합원만 가능 • 특별보상 없음	경영진=이사의 겸직 (아주 특수한 경우)
	'사회위원회 위원 ⇨ 이사 ⇨ 경영진'의 단계로 리더로 성장하는 경향이 있다. (경영진이 자연스럽게 리더십을 확보한다.)			

개별 협동조합의 거버넌스 운영상 특징은 다음과 같다.

1) 이사장과 CEO의 겸직은 안 된다. 경영계획의 수립 및 집행과 계획 승인 및 감독의 분리를 통하여 경영의 독립성 및 전문성을 확보하며, 조합의 경제적 성과를 높이기 위해서다.

2) 경영진과 이사의 겸직은 상식적으로 하지 않는다. 왜냐하면 이사회의 주요 역할이 경영 감사인데, 자신이 자신을 감사한다는 것은 상식에 맞지 않기 때문이다.

3) 이사회가 경영 감사를 하며, 감사위원회는 절차 및 회계 감사를 한다. 특히 매월 이사회에 CEO가 업무보고를 함으로써 자연스럽게 경영 감사가 이루어진다. 또한 이 과정에서 이사들이 사업에 대한 종합적인 사고를 하는 능력을 키운다.

4) 사회위원회는 조언 역할을 하는 기구이다. 총회에서 선출된 대의원으로 구성된다. 각종 주제에 대해서 공식적인 문서로 이사회 및 경영위원회에 의견을 제출할 수 있다.

5) 임원 선출은 후보자 없이 전 조합원을 대상으로 자유투표를 해서 한다. 이는 임원활동을 봉사로 보기 때문이다. 봉사를 하겠다고 후보로 나서는 것은 이상한 행동이다. 후보로 나서는 행위는 권력을 추구하는 행위로 보기 때문이다. 따라서 선거라는 행위는 조합원이 "당신이 조합을 위해 봉사해주십시오." 하고 요청하는 과정이며, 그렇기 때문에 후보 없는 선출방식으로 선거를 한다. 조합원의 요청이기 때문에 선출된 이후에 특별한 사정이 없는 한 사퇴를 하는 경우도 거의 없다. 단, 에로스키는 조합원이 너무 많기 때문에 현실적인 이유로 입후보를 통해 선출한다.

6) 예비 당선자 제도를 두는데, 이는 경영진이 필요할 때 가급적 조합원 동

의하에 경영능력이 있는 이사 중에서 경영진으로 임명하는 경우가 있기 때문이다. 이럴 경우 보궐선거를 하지 않기 위한 합리적인 방법이다.

7) 누군가를 선택해서 기회를 준다는 것은 그 자체가 차별을 낳을 수 있다. 따라서 가급적이면 선출된 조합원을 리더로 성장시키고자 한다. 사회위원회 대의원 경험을 통해 소통능력을 키우며, 이사회를 통해 경영능력을 키우게 된다. 그리고 그런 조합원이 경영진이 되기 때문에 경영위원회가 조합원에 대한 리더십을 가지기가 쉽다.

7. MCC 서비스 노동자협동조합

1) MCC 본부의 사무 업무를 대행하는 노동자협동조합으로, 51명(2015년 기준)의 조합원이 있다.

2) 수익은 예산 수립방식인데, 라보랄 쿠차 협동조합이 총예산의 65%를 부담하며, 나머지 35%는 MCC 소속 조합들이 조합원 수에 따라 나누어서 부담한다.

3) 예산을 편성할 때 일정 정도의 이익을 감안해서 반영하여 노동자 조합원들에 대한 노동배당 재원으로 사용한다.

4) 지식 분야 협동조합들은 MCC 본부 예산을 부담하지 않는다.

8. 급여연대 기금 (울마 그룹의 기준에 따른 예시)

• 급여연대 기금은 급여지급률이 100%에 미치지 못할 때 급여를 보전해주기 위한 기금이다.

• 매년 이익의 3%를 적립한다.

• 예를 들어 4개 협동조합으로 구성된 그룹의 평균 급여수준이 98%라고

가정해보자.

A 협동조합 : 급여수준 100% ⇒ 보상 없음

B 협동조합 : 급여수준 98% ⇒ 보상 없음

C 협동조합 : 급여수준 96% ⇒ 보상 1% ← (96+98)/2

D 협동조합 : 급여수준 95% ⇒ 보상 1.5% ← (95+98)/2

9. 리컨버전Reconversion : 재배분(손익 조정) 제도

몬드라곤 협동조합에서 인터코퍼레이션과 더불어 협동조합다운 결사와 연대의 특징을 가장 잘 보여주는 제도이다.

1) 리컨버전은 협동조합들 간에 손실과 이익을 공유하는 제도이다. MCC 에 가입하려면 이 제도를 수용하는 것이 조건이며, 부문 내에서 먼저 조정하고 다음으로 지역 그룹에서 조정한다. 부문의 경우 가입시 정한 조건에 따라 15% 이상 40% 미만의 범위에서 하며, 그룹의 경우는 그룹에서 자체적으로 정할 수 있다. 파고르 그룹의 경우 처음 설립 때에는 100% 모두를 조정했다. MCC가 재배분(손익 조정)을 핵심 원리로 설정한 것은 '연대'라는 가치를 실천하는 중요한 행위로 보기 때문이며, 이 제도를 운영함으로써 사업의 단기적인 위기를 협동을 통해 극복하고자한 것이다.

2) 울마 그룹(인더스트리얼 시스템Industrial System 부문 : 특이하게도 울마 그룹은 그룹과 부문이 일치하는 경우이다.)의 예를 들어서 리컨버전의 실례를 보기로 하자. 울마 그룹은 영업이익의 공유 비율을 이익은 30%, 손실은 50%로 하기로 하였다.

손익 조정하는 방법

① 급여지급률을 100%로 조정하여 총급여를 계산한다.(기준보다 더 받는 조합도 있고 덜 받는 조합도 있으므로 정상 기준으로 다시 계산하는 것이다.)

② 영업이익을 공유 비율에 따라 계산하여 합쳐서 기금을 만든다.

③ 기금 합계(ⓐ)를 총급여의 비율에 따라 조정한다.

	A 협동조합	B 협동조합	C 협동조합	D 협동조합	합계
영업이익	1,000	600	2,000	-800	2,800
총급여	10,000	7,500	18,000	17,500	53,000
기금	300(30%)	180(30%)	600(30%)	-400(50%)	680(ⓐ)
재배분 금액	128.3	96.23	230.94	224.53	680
재배분 후 영업이익	828.3	516.23	1,630.94	-175.47	2,800

결과적으로 A, B, C 협동조합은 이익이 감소했으며, 손실이 컸던 D 협동조합의 경우는 -800에서 -175.47로 손실이 현격히 줄어들었다. 이를 통해서 D 협동조합은 스스로 위기를 극복할 수 있는 기회를 얻게 된다. D 협동조합이 더 어려워져서 조합원 재배치를 해야 하는 상황이 되면 더 힘들기 때문에 가급적이면 파산하지 않도록 서로 협력하여 손익 조정을 비롯해 여러 가지 노력을 하는 것이다.

10. 에로스키의 독특한 구조

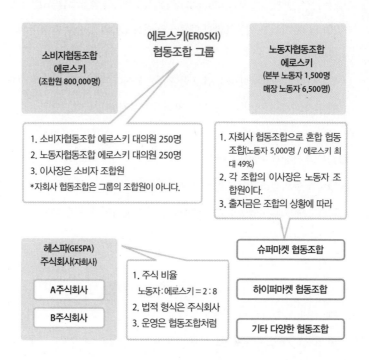

에로스키(EROSKI)
협동조합 그룹

**소비자협동조합
에로스키**
(조합원 800,000명)

**노동자협동조합
에로스키**
(본부 노동자 1,500명
매장 노동자 6,500명)

1. 소비자협동조합 에로스키 대의원 250명
2. 노동자협동조합 에로스키 대의원 250명
3. 이사장은 소비자 조합원
*자회사 협동조합은 그룹의 조합원이 아니다.

1. 자회사 협동조합으로 혼합 협동
   조합(노동자 5,000명 / 에로스키 최
   대 49%)
2. 각 조합의 이사장은 노동자 조
   합원이다.
3. 출자금은 조합의 상황에 따라

**헤스파(GESPA)
주식회사(자회사)**

A주식회사

B주식회사

1. 주식 비율
   노동자:에로스키 = 2 : 8
2. 법적 형식은 주식회사
3. 운영은 협동조합처럼

슈퍼마켓 협동조합

하이퍼마켓 협동조합

기타 다양한 협동조합

1. 에로스키 협동조합 그룹은 소비자협동조합 에로스키와 노동자협동조
   합 에로스키 두 종류의 협동조합으로 구성된 협동조합이다. 그룹 총회
   의 대의원은 소비자 조합원과 노동자 조합원 동수로 구성하지만, 이사
   장은 소비자 조합원이 한다.
2. 노동자협동조합 에로스키는 1차 협동조합이다. 즉, 여러 협동조합들의
   그룹으로 구성된 협동조합이 아니다. 자회사 협동조합은 자회사일 뿐
   에로스키 협동조합의 조합원이 아니다.

자회사 협동조합

- 자회사 주식회사가 협동조합으로 전환하면, 자회사 협동조합이 된다.
- 2015년에 자회사 협동조합과 에로스키 협동조합의 통합에 대한 논의가 있었다.
- 투표권에 따른 분류에서 보면 혼합 협동조합이다. 투표권의 비율은 상황에 따라 다르며, 이사장은 반드시 자회사 노동자 조합원이 담당한다.

자회사 주식회사 – 헤스파GESPA

- 에로스키 협동조합이 주식회사인 자회사를 관리하는 주식회사 법인이다. 즉, 에로스키 협동조합이 대주주인 주식회사이다. 주식회사 자회사는 대부분 인수를 통한 사업 확장과정에서 생겨나며, 사업을 새롭게 확장할 경우 필요에 따라 설립하기도 한다.
- 주식회사 자회사의 노동자협동조합 전환은 단계를 거쳐 진행되며, 대략 6년 정도의 시간을 예상한다. 노동자들이 몇 년에 걸쳐 자기 회사 주식의 약 20%를 소유하게 함으로써 형식적으로 종업원 지주제를 중간 단계로 거치지만, 그 과정에서 협동조합 방식으로 운영함으로써 종업원 지주제 회사와는 조금 다르게 운영한다. 이렇게 몇 년을 운영(협동조합 교육에서 최고의 방법은 스스로 운영해보는 것이며, 헤스파가 협동조합 교육을 담당한다.)하면 노동자들 스스로 협동조합으로 전환하기를 바라게 되며, 그때 협동조합으로 전환한다. 전환하면 자회사 협동조합이 된다. 협동조합은 조합원의 자율적인 선택이어야 공동의 책임을 지며, 의무에 있어서 최선을 다한다.

11. 라군 아로 서비스 노동자협동조합

1) 라군 아로 협동조합은 보험 가입고객(즉, MCC의 모든 노동자 조합원)이 조합원인 상호부조 협동조합이다.

2) 따라서 조합원 총회는 대의원 총회로 한다.

3) 라군 아로의 사무 업무를 담당하는 라군 아로 서비스 노동자협동조합 이 설립되어 있다.

4) 라군 아로 협동조합은 라군 아로 서비스 노동자협동조합에 사무를 위임한다.

5) 라군 아로 협동조합의 조합원이 MCC 소속의 모든 개인 조합원이므로, 개인에게 중요한 조합원 재배치, 급여지수표 관리, 실업급여 등의 제도 를 관리하게 된다.

6) 노동인민금고의 경우는 노동자와 협동조합고객(MCC를 구성하는 조합) 이 조합원인 노동자협동조합이었다는 점에서 라군 아로와는 좀 다르다.

12. 급여지급률과 급여지수 제도

급여지급률의 결정은 노동자 조합원의 경영에 대한 책임을 드러내는 것이다. 매년 정기총회에서 당해년도 급여지급률을 의결한다. 80~110%의 범위에서 결정하며, 급여지수에 따른 금액에 급여지급률을 곱하면 당해년도의 급여가 된다.

급여지수 제도란 급여를 직무에 따라 지수화하여 지급하는 것이다. 지수는 일반적으로는 1.00~6.00까지 하는 것이 라군 아로가 인정하는 표준 범위이지만 실제로는 0.25~10.0까지 지수 관리를 한다고 하며, 협동조합별로 다르게 정할 수도 있다. 이는 급여연대의 원칙에 따른 제도이다. 몬드라곤 전체 조합원들의 급여지수 평균은 2.3이라고 한다.

라군 아로에 따르면, 급여지수 1.00인 경우 연간 급여는 월 급여 1600.2유로를 14회 지급하는 것이 표준이므로 연간 급여총액은 22,403유로가 된다. 연금 및 세금을 차감한 실제 수령액은 평균적으로 월 1094.93유로씩 14번으로 연간 15,329유로이다(2014년 기준). 급여는 지수에 따라 정비례(실질 수령액은 세금 및 연금 등의 차이에 따라 정비례하지 않는다)한다. 독특한 점은 연금의 기업 부담분도 급여지수에 포함해서 계산한다는 것이다. 즉, 지수 1.00의 월 급여 1600.20유로는 연금에 대한 개인 부담분과 기업 부담분이 모두 포함된 금액이다.

13. 자본에 대한 참여의 의미

자본에 참여하는 방법은 크게 두 가지다.

> 1) 출자금 납입에 참여하는 것 : 초기 출자금 및 배당(노동, 출자 배당)의
>   출자 전환
> 2) 총회에서 내부 유보를 찬성하는 것

초기 출자금의 납입보다는 내부 유보에 참여하는 것과 노동배당의 출자 전환을 더 중요한 참여의 의미로 강조하고 있다.

내부 유보한 부분이 비분할 적립금인지는 명시하고 있지 않지만 조합이 해산할 때 조합원에게 분할해주기보다는 다른 협동조합에 기부하도록 되어있으므로 비분할 적립금으로서의 역할을 하고 있다.

하지만 이 부분이 이탈리아처럼 법으로 명시된 것이 아니라 정관에 의한 조항이므로 반드시 비분할 적립금으로 보기는 어렵다.

참고로 비슷한 관점에서 가입금을 볼 필요가 있다.

- 몬드라곤의 출자금 중 일부(25% 이하)는 가입금이다. 이 부분은 회계상 법정 적립금으로 자본에 계상되며, 탈퇴시 환급되지 않는다. 협동조합을 개인 것이 아니라 지역 및 동료들과의 공유재산으로 보기 때문이며, 그에 따른 연대 가치의 실천이다. 가입금은 자본에 대한 참여의 의미보다는 연대의 실천으로 보는 것이 지배적인 시각이다.
- 현재 가입금은 출자금의 약 10% 수준이다.

경제적 참여			경제적 분배	
• 약 15,000유로 (특별한 경우 대출) • 가입금(출자금의 25% 이하) • 위기시 추가 출자	자본 참여	**출자금**	출자금에 대한 이자 ≤7.5%	• 현재 약 4% • 현금 인출 가능 • 배당이라 표현하지 않음
• 직무에 따른 필요 • 개인 욕구에 따른 경력개발프로그램(CDP) 관리 • 평등한 기회 제공	노동 참여	**급여**	직무에 따른 급여	• 직무 값 1.0~6.0에 따라 • 연차 반영 : 3%/5년(일부 조합) • 특별수당 없음
• 의무적으로 출자금 전환 • 탈퇴시 환급	자본 참여	**배당**	직무에 따른 배당	• 직무 값에 비례해 배당 • 세후 45% 이하 배당

손재현(HBM협동조합경영연구소 연구위원)

2015년 1~2월에 걸쳐 3주 동안 나는 해피브릿지 협동조합의 답사팀과 함께 몬드라곤 경영대학에서 연수를 받았다. 이 기간에 몬드라곤의 여러 협동조합들과 몬드라곤 계곡의 여러 마을들을 구경하고, 동네 주택을 빌려서 생활하면서 식당과 가게를 다니며 먹고 쇼핑하는 소중한 경험을 하였다. 그 답사과정의 경험과 이 책을 번역하면서 생각한 것들을 함께 나누고 싶다.

몬드라곤 협동조합과 파고르 가전의 파산

내가 몬드라곤 협동조합에 대해 갖고 있던 관심은 2013년 10월에 파고르 가전협동조합이 파산하면서 더욱 커졌다. 그 사건은 커다란 의미가 있을 뿐 아니라, 세계 금융위기와 함께 몬드라곤의 60년 역사를 크게 나누는 분기점이 될 것이라고 생각한다. 이런 관점에서 볼 때, 몬드라곤의 협동조합 운동 발전사를 크게 세 단계로 나누어볼 수 있을 것이다.

첫 번째 단계는 마을 공동체의 유지라는 절박한 필요에 의해 시작했던 창업기이다. 몬드라곤 협동조합은 사업을 잘하기 위한 방법으로 고안된 것이 아니었다. 그들은 자기들의 사회 문제(커뮤니티가 붕괴될 가능성, 구체적으로는 대도시 혹은 외국으로의 이민 증가)와 먹고사는 문제에 대한 해결책으로 협동조합 경험을 시작했던 것이다. 그 경험을 조직화하고 제도화하여 그들이 살던 커뮤니티를 변혁한 결과가 몬드라곤 협동조합 그룹이다. 대체로 1956년에서 1980년까지의 기간이다.

두 번째 단계는 스페인의 민주화와 그로부터 이어진 세계화에 적응해가던 시기로, 이때는 복지 증대를 꾀한 협동조합 운동 시기이고 비즈니스적인 것에 중점을 두었던 시기라고 하겠다.

몬드라곤의 경우 1990년대 초까지는 교육이 활발하였다. 그러나 그 이후부터 2007년까지는 사업 성장기인 데다 정치 사회적인 변화가 심했던 시기여서 어떻게 변화에 적응해나갈 것인가에 몰두한 시기이므로, 교육도 기술적이고 경영 이슈에 대한 것에 중점을 두었다. 협동조합 조직이라고 해서 조합원들이 저절로 협동조합 가치에 따라 살게끔 할 수 있는 것은 아니다. 대체로 1980년에서 2008년까지의 기간이다.

세 번째 단계는 세계 금융위기와 파고르 가전의 파산사건 이후의 현 단계이다. 다시금 연대와 헌신이 필요한 단계, 협동조합 운동의 초창기처럼 가치에 대한 강조가 다시 필요한 시기 말이다.

　이 책은 파고르 가전이 파산하기 이전에 쓰인 책이어서 세 번째 단계에 대한 이야기가 부족하므로 옮긴이로서 조금 보충하려 한다. 그런 사건이 있었는데도 몬드라곤 협동조합의 미래에 대하여 긍정적으로 볼 수 있는 근거가 무엇인지 이야기하고 싶어서다.

　사실 몬드라곤 그룹에서는 금융위기 이전인 2005년 그룹 총회에서 이미 협동조합 정신과 감각 및 헌신이 약화되고 있는 문제에 대한 진단과 지적이 있었다. 다시 말해, 2005년에 이미 조직구조나 사업은 좋은데 협동조합과 관련된 가치와 규범들이 약화되고 있는 것이 문제라는 내부의 성찰이 있었던 것이다. 그리하여 새로운 전략이 필요하다는 점이, 말하자면 협동조합적 훈련과 지역 커뮤니티에의 참여 그리고 조직과 경영에의 노동자 참여가 다시금 강조되기 시작하였다.

　그래서 내부 검토와 준비를 거쳐 2007년부터 초창기 자세로 돌아가기 위한 움직임이 시작되었지만 그 속도는 더디다. 협동조합의 경우 기본적으로 조합원들의 합의 그리고 지배기구를 통한 대화의 과정을 중시하므로 의사결정이 느릴 수밖에 없다. 몬드라곤도 이 점을 잘 알고 있고, 느린 것이 약점일 수도 강점일 수도 있는데 몬드라곤에서는 이런 느린 의사결정 과정이 그동안 강점으로 작용했다고 믿고 있다. 게다가 몬드라곤의 지배구조에서 볼 때, 그룹 총회에서 전략을 제시했다고 개별 협동조합들이 무조건 따라야 하는 규칙이나 문화가 있는 것은 아니다. 그룹 총회에서 결정된 전략을 참고로 하여 각 개별 협동조합들이 각자의 처지와 조합원들의 의사에 따라 실행전략을 만들고 수행해간다. 게다가 2008년 세계 금융위기가 닥친 것도 한몫했다. 가뜩이나 어려운 시기에 변화를 꾀하는 교육을 하니 더욱 더뎌 보이는 것이다. 그 변화의 성과가 언제 어떻게 나타날지는 아직 말하기 이르거니와 알 수도 없다. 다만 이미 10년 전인 2005년부터 변화의 필요성에 대하여 성찰하였고, 협동조합적 가치와 사업적 혁신을 강조하는 변화를 추구하기 시작했다는 것은 분명하다. 이런 성찰의 힘이 몬드라곤의 오늘이 있게 하였다고 나는 믿는다.

우리가 답사차 방문하였을 때, 몬드라곤은 라군 아로를 중심으로 조합원 재배치 작업, 조기 퇴직 등 파고르 가전 파산으로 인한 조합원 일자리의 지속성 문제를 해결하기 위하여 애쓰고 있었다. 전 세계가 경제위기를 겪고 있어서 재배치가 쉽지 않은 데다 파고르 가전이 큰 회사였기에 해결에도 많은 시간이 걸린다고 했다. 몬드라곤 60년 역사에서 이런 규모의 파산은 처음 있는 일이었던 것이다. 그래서 일자리 수가 2009년에 85,000개인 데 비해 2015년 말에는 1만 개나 줄었다. 파고르 가전의 폐업, 자연 감소, 청년 신규고용 감소 등의 복합적인 결과이다. 이런 위기하의 해법이 모든 면에서 산뜻할 수는 없다. 다만, 그들의 규칙과 문화에 맞추어 질서정연하게 문제를 해결하고 있었다.

저자가 한국어판에 부쳐 쓴 글에 나오는 파고르 가전의 파산 원인에 대한 이리사르 교수의 진단을 생각해보자. 파고르의 경영진들이 현실에 안주하여 정치적으로 경영해서, 즉 자기 인맥 중심으로 행동하여 유능한 인재를 협동조합의 조합원이나 경영진으로 맞아들이는 데 실패하였다는 점 말이다. 협동조합 리더십이 일반적인 조직 및 기업의 리더십과 다른 점은 무엇일까? 많은 부분 비슷하겠지만 다른 점은 의사결정을 할 때 개인의 생각보다는 집합적 생각에 의지하여 한다는 점이다. 협동하는 팀으로서 구성원들을 믿고, 구성원들을 돌본다는 점이다.

호세 마리아 신부는 "리더란 다른 이에게 봉사하는 데 권력과 돈과 개인적 성공을 사용하는 사람"이라 하였고 "다른 리더를 만드는 리더십"이라는 표현도 하셨다고 한다.(이런 맥락에서 에로스키의 전 대표였던 라르나멘디는 이사장이나 CEO는 다음 이사진으로 누가 선출될지 예상할 수 있어야 한다고 말했다.) 그래서 몬드라곤에 많은 협동조합들이 생겨날 수 있었던 것이다. 이에는 바스크 특유의 커뮤니티에 대한 감각, 즉 평등주의에 대한 감각이 작용하였을 것이다.

호세마리아 신부는 또 "먼저 우리는 협동하는 사람을 육성해야 한다. 그러면 협동조합 기업을 갖게 될 것이다."라고 하셨다는데, 그래서 첫 번째 협동조합이 탄생하기 전 15년 동안(1941년에서 1956년까지)이나 교육에 온 힘을 기울였던 것 같다. 그 과정에서 신부님은 가장 유능한 인재들을 찾고, 그중에서도 다른 이들을 위해 봉사할 각오가 되어 있는 사람 다섯 명을 선택하여, 그들이 협동조합을 시작하도록 자극하셨다고 한다. 협동조합이 건강하려면 협동의 철학과 가치가 강하면서 능력이 우수한 사람이 필요함을 강조하면서, 이 둘을 겸비한 사람을 몬드라곤의 인재상으로 제시한 것이다. 이 대목에서 중요하게 보아야 할 점은 개인에 대한 강조이다. 개인이 중요하기 때문에 평등이 강조되는 것이다. 개인이 중요하지 않다면 평등을 강조할 필요가 없을 것이다. 커뮤니티는 존중받고 자존감이 있는 개인들의 모임이지, 집단에 묻혀서 개인성이 존중받지 못하거나 집단에 얹혀서 무임승차하려는 개인들의 집단이 아닌 것이다.

이렇게 다시금 능력주의에 입각한 인재상에 대해 새롭게 강조함으로써, 파고르 가전의 파산이라는 충격적인 사태를 극복하고 초창기의 가치와 활력 및 헌신을 회복하여 다시 일자리를 창출해내는 것이 현재 몬드라곤의 과제다.

몬드라곤 연수와 답사 과정에서 어떤 분을 만나든지 "협동조합을 하는 목적이 뭔가요?" 하고 물으면 그 대답은 항상 "일자리 (창출)입니다."였다. 일자리 창출을 지속적으로 해내기 위한 첫 번째 방안은 일자리의 인터코퍼레이션으로 구현되는 연대이다. 몬드라곤에서 연대란 내가 손해 볼 것을 알면서도 도와주고 함께하는 것이다. 이것이 장기적으로는 모두에게, 커뮤니티에게 이익이라고 믿는 것이다.

두 번째 방안은 혁신을 통한 신사업 추진이다. 신사업 추진에 대하여 조합원들 대부분이 긍정적이라고 한다. 그 이유는 조합원들이 현재 자신들이 하고 있는 일을 평생토록 할 수 없으리라는 것을 알고 있기 때문이라고 한다. 산업의 변화와 경쟁 때문에도 그러하고, 또 생산성이 높아지면 일자리는 점점 사라지거나 줄어들게 마련이기 때문이다. 그러므로 새로운 일자리를 만들기 위한 노력은 끊임없이 이루어져야 한다. 그래야 내 일자리가 재배치를 통해서 평생토록 보장될 가능성이 높아진다는 것을 잘 알고 있는 것이다. 그러므로 신규 사업을 추진하기 위해 불확실해 보이는 사업에 투자를 하는 경우에도 조합원들의 반대가 거의 없다고 한다. 그 투자는 누군가의 이익을 위해서가 아니라 자기들의 일자리를 만들기 위해서 하는 것이기 때문이다. 계속 성장하거나 새로운 프로젝트를 시작하지 않으면 일자리가 줄어든다는 점을 알고 있는 것이다. 그래서 몬드라곤 그룹은 파고르 파산 이후의 상황에서도 지속적으로 신재생 에너지, 바이오와 노인 및 보건 관련 분야의 혁신과 신규 투자에 지속적으로 투자하고 있다.

몬드라곤에 가서 보고서야 깨닫게 된 것들

답사를 가서 엘고이바르라는 인구 1만3천 명의 작은 도시에 숙소를 정하고 그 다음날 아침 일어나 마을 전경을 보았을 때의 광경을 잊을 수가 없다. 계곡에 위치한 마을의 가운데로 폭이 10미터쯤 되는 강이 흐르고 있었다. 강 건너로 보이는 산들은 아주 험하지는 않았지만 주변이 온통 산으로 둘러싸이고 구름이 걸려 있어서 마치 강원도에 온 듯한 느낌이 들었다. 동네는 공동주택들로 가득하였고, 산등성에 집들이 모여 있다 보니 언덕길에는 신기하게도 노천 에스컬레이터가 있었다.

우선, 몬드라곤 지역의 모습은 가기 전에 상상했던 모습이 아니었다. 몬드라곤 시 자체도 인구 2만 여 명의 작은 도시이고, 주변에 몬드라곤의 주요 협동조합들이 있는 도시들도 대개 인구 몇 만 명 이내의 작은 도시들이다. 지리적 환경으로 보아도 우리나라의 강원도 산골 같은 지형이라 큰 도시가 형성되기 어려운 여건으로 보인다. 그렇다고 농촌은 아니고 공장들이 여기저기 많았다.

그곳에서 어떤 지역사회를 커뮤니티라고 하는지 알 수 있는 마을의 풍경을 볼 수 있었다. 같은 도시 사람은 물론 동네를 떠나 도시로 간 사람들까지도 포함해 장례를 치르면 조그만 공지문을 마을 여기저기 붙일 만큼의 친밀성, 성당과 시청과 식당들로 둘러싸인 마을 광장에서 어린이들이 모여서 공을 차며 놀고 있고, 그 부모들은 근처 식당에 모여 앉아 가볍게 맥주나 와인 한잔을 놓고 친구들과 수다를 떠는 모습, 금요일 밤이면 동네 바가 나이트클럽으로 변신하고 수많은 젊은이들로 분주한 모습. 작은 도시이지만 인구 구성은 골고루인 것 같아 보였다. 다양한 업종의 많은 가게들과 격차가 적어 보이는 집과 자동차들의 모습에서 빈부격차가 심하지 않다는 것을 알 수 있었다.

그리고 그곳 주민들은 동네에서 살 수 있는 물건은 싸다고 큰 도시에 가서 사지 않고 가급적 그 도시의 가게에서 산다는 말을 그곳에 사는 사람들에게서 들었다. 마을을 유지하기 위해서란다. 그리고 많은 수의 바, 이 바는 식당이면서 가볍게 술 한잔 할 수 있는 곳으로, 금요일 밤이면 젊은이를 위해 나이트로 변신하는데, 인구에 비해 많다는 느낌이 들었다. 저녁마다 가볍게 모여서 마시고 북적대는 사람들, 온 가족이 혹은 친구들과 함께. 친구들과 마실 때는 한 곳에서 오래 마시지 않고, 한 바에서 한잔만 마시고 바를 옮기면서 마시는 풍습도 재미 있었다.

둘째로, 몬드라곤에서 만난 여러 사람들과의 대화를 통해서 호세마리아 신부를 비롯해 오르마에체아 회장 등 초기의 창업자들은 일자리 창출을 통한 커뮤니티의 지속가능성, 그리고 그 안에서 사람들의 삶의 가능성, 함께하는 삶에 대한 성찰을 우선하였다는 점을 알게 되었다. 그 수단으로 삼은 제도가 협동조합이었다. 그래서 몬드라곤의 '협동조합 경험'이라는 조금은 이상한 표현을 자주 쓰고 있는 것이다.

협동조합이 먼저가 아니라 인간의 삶, 나 자신의 삶에 대한 성찰이 우선이다. 협동조합을 대상으로 두고 어떻게 해야 할지 생각해보는 것이 아니라, 조합원인 내가 어떻게 실천하고 있는지를 반성적으로 생각하는 것이 성찰이라고 한다. 무엇이 지속가능한가? 회사 자체는 세우고 또 망한다 해도, 사회적 네트워크가 지속가능하고, 인간의 삶이 지속가능하고 피폐해지지 않으며, 영적인 삶을 모색할 수도 있는, 적어도 그런 삶의 가능성을 높일 수 있는 길이 있으면 그 길을 가는 것이 인간의 삶이며, 완벽한 답은 세상에 없다는 생각에서 성찰이 강조된다. 현대에 와서 신앙적인 부분은 많이 약화되었지만 성찰에 대한 강조는 여전하였다.

셋째로, 기업이 현실적으로 지속가능할 수 있는 초기조건은 우수성이라는 생각이 강하게 들었다. 이것이 이리사르 교수가 우수성^{excellence}을 그토록 강조한 이유이다. 협동조합의 초기조건은 우수성이어야 한다. 이러할 때 사회적 영향을 줄 수 있다. 비즈니스적인 우수성은 경영성과로 알 수 있다. 비즈니스적 성격이 아닌 우수성도 있는데, 그건 가치 혹은 리더십이다

사실 우수성은 초기조건일 뿐만 아니라 지속가능을 위한 조건이다. 왜냐하면 현재 시장 환경이 세계화되어 있는 조건이기 때문이다. 협동조합 기업의 초기조건 및 지속가능 조건이 무엇인가라는 생각을 리더들은 자주 하고 있었다.

넷째로 몬드라곤 협동조합이 노동자협동조합으로서 성공할 수 있었던 배경에 대하여 생각하게 되었다.

하나, 바스크의 커뮤니티 감각, 평등에 입각한 정의라는 그 감각이 아직도 살아있는 것 같았다. 둘, 인간은 누구나 욕심과 이기심을 가지고 있다는 현실을 인정하면서, 이를 억제하고 삶을 길게 보도록 하는 구조, 제도, 규칙을 만들어감으로써 문화를 형성해온 점이다. 나는 호세 마리아 신부의 탁월함이 여기에 있다고 생각한다. 사실 선의를 지닌 훌륭한 사람은 많이 있다. 그러나 호세 마리아 신부는 그런 선의가 사업적 성과가 높아짐과 동시에 사라지는 것이 인간의 현실이며, 이는 리더나 대중이나 마찬가지라는 점을 겸손하게 인정하였던 것이다. 그래서 그렇게나 교육을 강조하고, 제도를 만들어서 나중에 욕심이 생겨

서 변심하더라도 지킬 수밖에 없는 구조와 문화를 만드는 데 그렇게나 애쓰셨던 것이다. 그런 구조와 협동조합적인 문화를 만들었기에, 비교적 몬드라곤 협동조합의 형성 초기에 돌아가셨음에도, 그 이후로도 그분이 기초를 닦은 인터코퍼레이션의 제도들은 계속 작동하면서 몬드라곤을 협동조합답게 유지시켰던 것이라고 생각한다.

셋, 초기에 성공하기 좋았던 당시의 폐쇄된 스페인 시장 환경이다. 오늘날 세계화된 시장구조 안에서 새로 시작하는 협동조합은 시작부터 몬드라곤의 경우보다 훨씬 더 큰 도전에 직면한다. 이는 사업적인 면뿐 아니라 문화적인 면에서도 그렇다. 예를 들면 오늘날에는 예전보다 훨씬 더 협동보다 경쟁을 당연시하는 문화 속에서 살아가고 있지 않은가?

넷, 초기 창업자들이 커뮤니티와 사람을 위하여 희생한 덕분이다. 그들은 개인적으로 가지고 있는 능력과 권력, 돈과 성공을 커뮤니티를 위해 내놓았다. 그리고 커뮤니티 전체를 위한 공유재산을 만드는 데 헌신하였다. 이제 60년이 지나면서 공유재산이 아주 커졌기 때문에 오늘날에는 리더 개인의 희생이 초기만큼 많이 필요하지는 않을 것이다. 그러나 어느 협동조합이든지 초기 리더들의 희생 없는 공유재산을 만들 수 없고, 이 공유재산이 형성되지 않는다면 지속가능성은 현저히 떨어질 것이다.

종합적으로는, 사람 우선의 철학이 그 중심에 기둥을 이룬다. '인간에 대한 이해', 깊은 내적 성찰과 반성에 기초하면서도 인간에 대하여 무조건 낙관적이거나 낭만적으로 이해하지 않고, 진정 현실적인 대안들을 차곡차곡 기획하고 만들고 쌓아갔던 것이다. 그리하여 기업이 사람을 볼 때 이익 추구의 대상으로 보지 않고 커뮤니티 감각을 가지고 볼 수 있게 된 것이다.

몬드라곤을 배우려면 먼저 이해해야 할 것이 있다. 몬드라곤은 구조와 규범을 동시에 추구하였다. 사업과 가치를 동시에 추구하였다. 능력과 도덕성을 동시에 추구하였다. 커뮤니티와 개인의 중요성을 동시에 강조하였다. 평등을 강조하면서도 능력을 중시하였다. 사실 몬드라곤에 대하여 공부하면 할수록 서로 모순되는 듯 보이는 것들이 동시에 추구되거나 혹은 강조점이 오락가락하는 느낌을 받을 때가 있다. 가치를 강조하는 듯 보이지만 사업을 강조하고, 사업을 강조하는 듯 보이지만 이번에는 가치를 강조한다. 이 두 가지 접근법이 모순으로 여겨지지 않고 편안하게 여겨져야 몬드라곤의 협동조합 경험을 이해하게 되고, 또 가능한 한 본받을 수도 있을 것이라고 생각한다.

몬드라곤에서의 추억 두 가지

몬드라곤에서 연수를 하는 동안 겪은 에피소드 두 개를 이야기해 보겠다. 하나는 몬드라곤의 협동 문화가 강력함을 말해주고, 하나는 몬드라곤이 당면한 노동자의 경영 참여 문화에 혁신이 필요함을 말해준다.

에피소드 1 : 일자리를 만들어 고향에 기여하고 싶지, 부자가 되고 싶지 않다는 대학생 미켈

답사가 끝나는 마지막 주말에 프랑스 접경지역에 있는 산세바스티안이라는 휴양도시로 구경을 갔다. 인구가 25만 명쯤 되는 작고 아름다운 도시였다. 그곳을 구경할 때 산세바스티안에 사는 미켈과 안데르라는 두 명의 몬드라곤 경영대학 학생이 우리를 안내해주었다. 마침 방학이라 자기들 집에 와 있었던 참이었다. 하루 종일 다니면서 이야기를 나누며 나는 그들이 사업에 대한 의욕이 넘칠 뿐만 아니라 아직 재학 중인데도 이미 구체적인 식재료 수출사업과 중국에서의 컨설팅 사업 구상을 하고 있음을 알게 되었고, 정말 야심 많은 젊은이들이라는 생각을 하고 있었다.

덕분에 재미있는 도시 관광을 마치고 저녁을 먹으러 식당에 들어가 앉아서 나는 미켈에게 물었다.

"미켈, 개인적인 비전이나 목적 혹은 야망이 무엇인가요?"

"제가 배운 가치와 방법론에 따라 커뮤니티에 좋은 영향을 주어서 변화시키는 것입니다. 그리고 일자리를 많이 만들어서 사람들에게 제공하는 것입니다."

나는 의외의 대답에 깜짝 놀랐다.

"미켈은 창업을 해서 사업을 크게 하고 싶어 하는 것 같은데, 회사를 상장한다든지 해서 부자가 되고 싶지 않은가요?"

"부자가 되는 것은 원치 않아요. 집이 있고 가족을 부양할 정도면 돼요. 저는 산세바스티안이란 좋은 환경에서 태어나고 자랐으니 고향에 보답을 해야 해요. 고향에서 저는 사회적 영향을 주는 사람, 커뮤니티에 좋고 가치 있는 변화를 만드는 사람, 일자리를 만들어주는 사람이 되고 싶어요. 제가 지금 스물한 살인데, 이런 비전과 생각을 가지고 있으니 저는 제가 아주 야심찬 사람이라고 생각해요. 부자가 된다는 것은 매우 외로워지는 거라고 생각해요. 저는 외롭게 살고 싶지 않고, 함께 일하는 사람들과 어울리며 살고 싶어요. 저는 호세 마리아 신부님이나 교수님들에게서 가치에 대해 많이 배웠어요."

미켈의 대답을 듣고 나를 비롯해 우리 일행은 모두 크게 놀랐다.

"미켈처럼 생각하는 학생들이 주변에 많은가요?"

"제 주변에 모두는 아니고, 절반 정도는 그렇게 생각하는 것 같아요."

나는 '이것이 문화의 힘이고 교육의 힘이구나.' 하고 깊이 탄복했다. 그리고 미켈의 야망이 꼭 이루어지기를 기원하였다.

에피소드 2 : 시위하던 파고르 가전의 퇴직 조합원들

연수 마지막 날 저녁 무렵, 우리는 몬드라곤 시내를 걸었다. 호세 마리아 신부가 사목하시던 성당을 구경하고, 근처 가게들을 둘러보며 광장을 걸었다. 많은 아이들이 공을 차고 뛰어다니며 놀고 있었다. 구경하면서 돌아다니다 보니 점점 어두워지고 가게는 문을 닫고 있었다. 우리는 몬드라곤의 밤공기를 맡으며 사진도 찍고 마지막 여유를 즐기고 있었다.

그런데 광장 저편에서 시위를 하고 있는 듯 구호소리가 들려서 고개를 돌려보니 현수막과 사람들이 보였다. 무슨 시위일까 궁금해하면서 천천히 그쪽으로 걸어갔다. 대부분이 노인들이었다. 저녁의 어둠 속에서 대체로 70세 전후의 노인들 수십 명이 시위를 하고 있었다. 그러다가 마지막으로 무슨 요구사항 같은 것을 외치고는 해산을 했다. 바스크어로 외쳐서 무슨 말인지 알 수가 없었다. 가까이 가서 현수막을 보니 'Fagor'라는 글자가 보였다. 아마도 파고르의 파산과 관련 있는 것이리라 짐작이 되었다.

해산하는 분들 가운데 한 분을 붙잡고 무슨 시위인지 물었다. 자기들은 파고르 가전의 조합원으로 있다가 퇴직한 사람들인데, 자기들이 퇴직할 때 출자금도 찾아가지 않고 계속 맡겨두고, 심지어는 퇴직 때 받은 위로금을 투자한 사람들도 있는데, 파고르가 파산하는 바람에 자기들의 노후자금이 모두 휴지조각이 되었다면서, 몬드라곤 그룹본부나 라군 아로가 책임지고 이 문제를 해결해달라고 시위하는 것이라고 했다. 그러면서 협동조합 자체에 무슨 유감이나 불만이 있는 것이 아니라, 자기들의 노후자금을 개인적으로 2~3억 원씩 날리게 되어 대책을 호소하는 시위를 하는 것이라고 했다.

이분들은 파고르가 한창 잘나갈 때 퇴직하신 분들일 것이다. 그래서 파고르가 어려워지는 것을 전혀 본 적이 없거나 어려워도 극복할 것이라고 믿었기에 퇴직하면서도 자기들의 출자금을 찾아가지 않고 계속 투자를 했던 것 같다. 그렇지만 본부의 경영진에게 대책을 호소

해도 그룹본부가 무슨 결정이나 명령을 할 수 있는 상부조직이 아니다. 개별 협동조합들과 조합원들이 주권을 가지고 있는데, 그 개별 협동조합인 파고르가 파산했으니 어쩔 수가 없을 것이다. 개별 조합원은 자기가 조합의 주인으로서 스스로 자본에 참여한 것에 대한 책임을 스스로 질 수밖에 없는 것이다. 협동조합의 성공만을 보아온 분들이다. 그래서 자기들의 금융재산 대부분을 파고르 협동조합에 투자했으리라. 그런 그분들로서는 청천벽력이었을 것이다. 이 시위를 보고 조합원 경영 참여의 중요성을 다시금 생각하게 되었다. 경영은 경영진의 몫이라고 맡겨두고 방임해서는 안 된다. 경영진도 경영과 관련된 사항을 조합원들이 좀 더 이해하기 쉽고 투명하게 전달하고 이의제기나 질문을 할 수 있는 여건을 만들어야 제2의 파고르 사태를 막을 수 있을 것이다. 조합원의 경영 참여가 없다면 협동조합이 아닌 것이다.

이 책을 옮기게 된 배경과 감사의 글

몬드라곤 협동조합은 한국에서 협동조합에 대한 관심을 불러일으키는 데 많은 역할을 했다. 특히 협동조합이라고 하면 사회적 및 경제적 약자들이 자기들의 필요를 충족시키기 위해 만든 것이어서 한계선상에 있는 기업일 것이라는 선입견이 큰데, 몬드라곤 협동조합의 성공은 이에 대한 명백한 반증으로 많은 사람들에게 놀라운 일로 여겨졌다. 매년 전 세계의 수많은 사람들이 몬드라곤을 방문하고 있고, 1990년대 이후에는 몬드라곤 협동조합에 대한 논문들도 많이 나왔다. 그만큼 몬드라곤 협동조합에 대한 관심이 크다는 증거일 것이다.

내가 참가한 연수 프로그램에는 이리사르 교수의 '내부기업가정신' 강의도 있었다. 그때 나는 이리사르 교수에게서 그분이 쓴 이 책을 선물받았다. 이리사르 교수는 몬드라곤 협동조합의 여러 부서에서 21년간 실무 및 경영을 하고 경영대학에서 19년간 연구와 강의를 한 분이기에, 몬드라곤 협동조합의 경영에 대하여 그분보다 더 잘 정리할 분은 없다고 생각했다. 그러나 그 책은 스페인어로 쓰인 것이었다. 나는 스페인어는 초보수준이다. 책으로 내려면 그냥 답사팀이 따로 내용을 정리하는 수밖에 없다고 생각했다.

그래서 몬드라곤에서의 경험과 배운 것을 책으로 정리해보려 했지만, 기행문도 아니고 몬드라곤의 경영에 대한 책을 제대로 쓰기에는 역량이 모자랐다. 작은 회사도 아니고 많은 회사들이 뭉친 큰 그룹인데다 역사도 긴데, 겨우 3주간의 답사와 연수를 바탕으로 정리한다는 것은 무모한 일이거니와 잘못 전달할 가능성도 많다고 생각했다. 그래서 힘들지만 다시 이리사르 교수가 쓴 책을 읽기 시작하였다.

다 읽고 나니 이 책이 바로 우리가 쓰고 싶어 했던 책이라는 사실을 알 수 있었다. 몬드라곤 경영의 이모저모에 대하여, 가치 및 규범적인 측면과 사업적인 측면이 모두 담겨 있었다. 게다가 우리가 연수와 답사를 통해 보고 들은 많은 내용들이 이 책에 대부분 담겨 있었다. 우리는 도저히 이렇게 깔끔하게 쓸 수 없었다. 그래서 무모하게도 번역을 하기로 결심하였다. 애매한 부분은 같이 답사를 다녀온 손재현 연구위원과 토론하며 번역하였고, 그래도 부족한 부분은 이리사르 교수께 메일로 직접 여쭈어보았다. 교수님은 언제나 빠르고 친절하게 답을 해주셨다. 이 점 이리사르 교수께 깊이 감사드린다. 한국의 독자가 이해하기 어려운 부분들은 부족하나마 각주를 달았고, 자세한 설명이 필요한 부분은 미주로 보충하였다. 미주 부분은 모두 손재현 연구위원이 준비해주었다.

이 책이 몬드라곤을 통해 협동조합의 가치와 사업에 대하여 실천적으로 고민하고 토론하려는 분들에게 실천적 지침이 되고, 현장답사를 가려는 분들에게는 사전 공부 자료로서 현장답사가 좀 더 알차게 되는 데 도움이 되기를 바란다. 그리고 주식회사를 경영하거나 주식회사에서 기업의 사회적 책임CSR에 관심 있는 분들에게도 몬드라곤의 경영 이야기는 많은 면에서 좋은 사례가 될 것이라고 생각한다. 협동조합이자 15명으로 구성된 석유곤로 제조업체로 시작해서 스페인의 6대 그룹(고용 면에서는 4대 그룹)으로 성장하는 경영성과를 내었으니까.

저자가 앞에서 말했듯이, 몬드라곤의 성공요인을 문화·사회적 측면과 경영적 측면으로 크게 나눌 수 있을 텐데 저자는 벤치마킹이 가능한 경영적 측면에 중점을 두고 이 책을 썼다고 밝히고 있다. 그런데 사업체의 유형이 주식회사인지 협동조합인지 혹은 개인회사인지에 따라, 그리고 일하는 프로세스를 어떻게 디자인하는가에 따라 구성원들의 헌신 정도가 다르게 될 것이다. 이러한 헌신을 불러오는 것이 경영 기법이나 도구일까? 아니면 조직문화일까? 단지 복제하기 쉬운 도구 부분을 복제한다고 벤치마킹이 될까? 시간이 걸리고 어려워도 문화적 다름을 이해하고, 우리 문화를 이해하고, 헌신할 수 있는 문화를 만들어가는 노력을 해야 하는 것 아닐까?

끝으로 몬드라곤 현장답사 경험과 이 책의 번역 출간 기회를 마련해준 해피브릿지 협동조합의 모든 조합원들께 감사드린다.

2016년 10월
송성호

참고문헌

이론 없이 실천에 빠지는 사람은
방향타나 나침반 없는 항해사와 같다.
그는 자기가 어디로 가는지도 모를 것이다.

– 레오나르도 다빈치(15세기의 이탈리아 건축가이자 현인)

ALTUNA, R., GRELLIER, H., y URTEAGA, E., 2009: *"El fenóomeno cooperativo en el mundo"*, Ed. Mondragón Unibertsitatea.

ARANZADI, D., 1992: *"El arte de ser empresario hoy. Hombres y mujeres ante el reto de crear y dirigir empresas y cooperativas en el umbral del s. XXI"*, Federación de Coop. de Euskadi, Vitoria.

ARANZADI, D., 2003: *"El significado de la experiencia cooperativa de Mondragón"*. Ed. Universidad de Deusto, Bilbao.

AZURMENDI J, 1984: *"El hombre cooperativo. Pensamiento de Arizmendiarrieta"*. Caja Laboral. Mondragón.

BARBA NAVARETTI G., y VENABLES. A.J., 2004: *"Multinational firms in the world economy"*, Princeton University Press.

CHAVES R., 1999: *"Grupos empresariales de la economía social: un análisis desde la perspectiva española"*, in BAREA, J. et al. *"Grupos Empresariales de la Economía Social"*, CIRIEC, Valencia.

CHESBROUGH, H., VANHAVERBEKE, W. y WEST, J. 2006: *"Open Innovation: Researching a New Paradigm"*, Oxford University Press.

COTE, D., 2003 : *"Les Holdings coopératives, Evolutions ou Transformation Définitive?"* Jalons, De Boeck, Paris.

DE GEUS, A., 1997: *"The living company: Growth, Learning and Longevity in Business"*, Harvard Business School Press, Boston.

DRUCKER, P.F., 1995: *"Managing in a Time of Great Change"*, Penguin Group, USA.

DRUCKER, P.F., 2009: *"Innovation and Entrepreneurship"* , Ed. P. Drucker, USA.

ETZKOWITZ, H., 2005: *"Universities and the global knowledge economy: A triple helix of University-Industry-Government relations"*, Continuum International Publishing Group, London.

GOFFEE, R, GARETH, J, 2009: *"Clever. Leading your smartest, most creative people"*, Harvard Business Press.

GORROÑOGOITIA, A., LARRAÑAGA, J., y ORMAETXEA, JM., 2001: *"Arizmendiarrieta 25 años después"*, Conferencia 25 aniversario de J.Mª Arizmendiarrieta, MU, Mondragón.

GREENWOOD, D., GONZALEZ, J.L., 1989: *"Culturas de Fagor. Estudio antropolóico de las cooperativas de Mondragón"*. Ed. Txertoa. San Sebastián.

HAMEL, G., 2007: *"The Future of Management"*, Harvard Business School Press, Boston.

IRIZAR, I. 1999: *"Los directivos industriales del valle de Mondragón"*. Ed. Sociedad de Estudios Vascos, San Sebastián.

IRIZAR, I. 2005: *"Empresa cooperativa y liderazgo"*. Ed. Mondragón Unibertsitatea.

IRIZAR, I. 2006: *"Cooperativas, globalización y deslocalización"*. Ed. Mondragón Unibertsitatea.

KHURANA, R., y NOHRIA, N. 2010: *"Handbook of Leadership. Theory and Practice"*. Harvard Business School Press, Boston.

LARRAÑAGA, J., 1981: *"Don José María Arizmendiarrieta y la experiencia cooperativa de Mondragón"*, Ed. Caja Laboral, Mondragón.

LARRAÑAGA, J., 2005: *"Dilema del cooperativismo en la era de la globalización"* Ed. Federación de cooperativas de Euskadi.

MACLEOD, G. 1997: *"From Mondragon to America. Experiments in Community Economic Development"*, University of Cape Breton, Sydney, Canada.

MALONE T. W., 2004: *"The Future of Work"*, Harvard Business School Press, Boston.

MINTZBERG, H., 1994: *"The Rise and Fall of Strategic Planning"*, Free Press and Prentice-Hall International, USA.

MINTZBERG, H., 2009: *"Managing"*, Harvard Business School Press, Boston.

MOLINA, F. 2005: *"Biografía de José María Arizmendiarrieta(1915-1976)"*, Ed. Caja Laboral, Mondragón.

ORMAETXEA, J.M., 1991: *"La experiencia cooperativa de Mondragón"*, Ed. Otalora, Corporació Mondragón.

ORMAETXEA, J.M., 1997: *"Orígenes y claves del cooperativismo de Mondragón"*, Ed. Otalora, Corporación Mondragón.

ORMAETXEA, J. M., 2003: *"Didáctica de una experiencia empresarial: el cooperativismo de Mondragón"*, Ed. Otalora, Corporación Mondragón.

PETERS, T., 2002: *"En busca de la excelencia"*, Nowtilus, Madrid.

PETERS, T., 2010: *"The Little BIG Things"*, Pearson Ed., Madrid.

PORTER, M. E., 1990: *"The Competitive Advantage of Nations"*. Free Press, New York.

PORTER, M. y KRAMER, M: 2006: *"Strategy and Society: The Link Between Competitive Advantage and Corporate Social Responsibility"*, Harvard Business Review, Boston.

PRAHALAD, C.K., 2004: *"The Fortune at the Bottom of the Pyramid"*, Wharton School Publishing, USA.

SARATXAGA, K. y SALCEDO, J., 2010: *"El éxito fue la confianza"*. K2K, Bilbao.

SPEAR R. y BORZAGA, C., 2004: *"Trends and challenges for Co-operatives and Social Enterprises in developed and transition countries"*, Edizioni31, Trento.

TELLECHEA, J.I., 2004: *"El otro Dn. José María"*. Caja Laboral, Corporación Mondragón.

VANEK J., 2007: *"A note on the future and dynamics of economic democracy, Advances in the Economics Analysis of Participatory and Labor-managed Firms"*, Volume, 10, pp. 297-304.

WILLIAMSON T., IMBROSCIO D. y ALPEROVITZ G., 2003: *"Local Policy Responses to Globalization: Place-Based Ownership Models of Economic Enterprise"*, The Policy Studies Journal, Vol. 31, No. 1, 2003.

WHYTE W. F., WHYTE K., 1989: *"Mondragón: Másque una utopía"*. Ed. Txertoa. San Sebastián.

가치와 비즈니스 둘 다를 거머쥔
협동조합 기업경영의 성공열쇠 32가지

몬드라곤은 어떻게 두 마리 토끼를 잡았나

1판1쇄 인쇄 2016년 10월 25일   **1판1쇄 발행** 2016년 11월 5일

지은이 이냐시오 이리사르 · 그레그 맥레오드   **옮긴이** 송성호

펴낸이 전광철   **펴낸곳** 협동조합 착한책가게

주소 서울시 은평구 통일로 684 1동 3C033

등록 제2015-000038호(2015년 1월 30일)

전화 02) 322-3238   **팩스** 02) 6499-8485

이메일 bonaliber@gmail.com

ISBN 979-11-954742-7-1 03320

이 도서의 국립중앙도서관 출판예정도서목록(CIP)은 서지정보유통지원시스템 홈페이지(http://seoji.nl.go.kr)와
국가자료공동목록시스템(http://www.nl.go.kr/kolisnet)에서 이용하실 수 있습니다.
(CIP제어번호: 2016024643)